全国乡村振兴优秀案例选编(2021年)

平安银行股份有限公司
中国小康建设研究会 编

人民出版社

编委会

广西壮族自治区富川瑶族自治县人民政府

广西壮族自治区巴马瑶族自治县委、县政府

陕西省周至县委组织部

陕西省长武县乡村振兴局

中国安能集团

平安银行股份有限公司

上海盒马网络科技有限公司

中和农信项目管理有限公司

陕西康汇然农业科技有限公司

山东滨袁农业科技有限公司

宜宾市翠屏区安垚文化旅游有限公司

北京本来工坊科技有限公司

深圳市好实再科技有限公司

浙江江山农村商业银行股份有限公司

浙江网商银行股份有限公司

呼和浩特市消费帮扶示范服务中心

序 言

时光荏苒，岁月如梭。2021年《全国乡村振兴优秀案例选编》又将出版发行，我对此书的持续出版发行，并为地方乡村振兴战略的实施提供借鉴和参考表示由衷的高兴，也为担任此书编委会主任备感责任重大。

实施乡村振兴战略是党的十九大作出的重大部署。五年来，习近平总书记阐述了一系列重大理论和实践问题，作出了一系列重要指示、批示，举旗定向、领航掌舵，推动乡村振兴始终沿着正确方向前进。五年来，党中央连续下发了5个一号文件，对实施乡村振兴战略作出部署，明确重点，逐年推进、逐项落实。各地认真贯彻落实党中央、国务院决策部署，扎实有效地推进乡村振兴战略实施，取得了积极进展。

全国乡村振兴优秀案例的征集活动，中国小康建设研究会已坚持三年之久，值得充分肯定。平安银行在发挥金融主业和科技优势支持乡村振兴战略的同时，积极参与本次优秀案例征集工作，一样值得褒奖。三年来，全国乡村振兴优秀案例征集工作，有力地促进了各地有关方面、有关单位深入挖掘本地、本单位在乡村振兴领域的新成就、新典型和新经验，以典型经验示范带动、示范引领，不断推进乡村的全面振兴，推动了农业农村现代化进程。

本书精选的18个政府案例和12个企业案例，覆盖面广、代表性强、内容朴实接地气。产业振兴方面：有订单农业、数字农业、品牌农业；有文旅融合挖掘乡村潜能的，有创新普惠金融支持乡村发展的；有严格"产地准出"打破出口壁垒的；有建设现代农业产业园，带动产业集聚发展的。人才振兴方面：有创新方式方法，引导青年回归农村的；有创办农民学院，激发乡村人才活力的。文化振兴方面：有以艺术推动乡村文明，促进共同富裕的；有保护传统村落，推动传统优秀文化传承和发展的；有传承红色基因，弘扬红色文化的。生态振兴方面：有建设美丽乡村，打造乡村振兴示范带的；有提升乡村风貌，实现乡村宜居宜业的。组织振兴方面：有评星定级，乡村分类推进、梯次提升的；有"股份分红＋善治积分"，开启乡村善治模式的；有构建社会信用体系，推进乡村治理体系现代化的。这些案例，有高度、有深度、有广度、有温度，比较集中地反映了实施乡村振兴战略的丰硕成果，也从不同侧面展现了乡村振兴实践中的政府统筹主导、企业参与推动，真实反映了政府、社会、市场协同推进乡村振兴的新格局。

2022年是党的二十大召开之年，是全面建设社会主义现代化国家、向第二个百年奋斗目标进军的重要一年。新时代"三农"的中心工作就是全面推进乡村振兴。真诚希望2021年《全国乡村振兴优秀案例选编》，能为各地扎实有序推进乡村振兴战略实施带来新的参考与借鉴。

最后对2020年《全国乡村振兴优秀案例》一书列入国家重点图书目录表示热烈祝贺！也向奋战在乡村振兴战线上的广大农民群众、农业农村工作者以及关心支持"三农"事业的社会各界人士致以崇高的敬意！

全国人大农业与农村委员会副主任委员　　李春生

目　录

网商银行

呼和浩特市消费帮扶示范服务中心

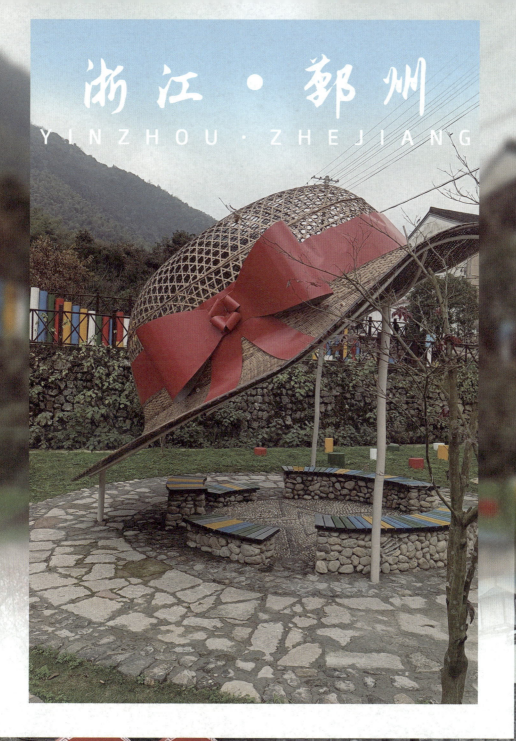

浙江・鄞州

YINZHOU · ZHEJIANG

明
谐

自由
平等

公正
法治

爱国
敬业

诚信
友善

浙江
鄞州

　　鄞州，地处长江三角洲南翼，浙江省东部沿海，位于宁波市区南端，面积817.1平方千米，户籍人口97.6万人，是一座具有2200多年历史底蕴的文明古邑。

　　作为全市的政治中心、经济中心、科教中心，坐拥东部新城、南部新城，功能平台特色明显，楼宇经济、总部经济发展全市领先。涌现了奥克斯、杉杉等龙头企业，经济实力不断增强，2021年全区实现地区生产总值2500.3亿元，增长7%，农村居民人均可支配收入47093元，增长10.0%，城乡居民收入比为1.72：1，比上年缩小0.01。荣获中国美丽乡村建设示范县、中国农村全面小康建设示范县、全国乡村治理体系建设试点单位、全国农村创新创业典型县、全国双创示范基地、中国知识产权领域最具影响力县域第一位、全国县域数字农业农村发展先进县、全国乡村治理体系建设首批试点、国家农产品质量安全区、全国节水型社会建设达标县、全国农村创新创业典型县、全国农民合作社质量提升整县推进试点单位、全国脱贫攻坚与精准扶贫创新优秀区、国家级智慧健康养老示范基地、首批全国科普示范区等称号，三次入选中国最具幸福感城市，连续六年位居全国综合实力百强区第四。

　　鄞州是一片美丽富饶的神奇土地，拥江、揽湖、滨海，沃野千里，犹如镶嵌在东海之滨的一颗璀璨明珠。当历史的滚滚车轮踏入21世纪20年代，鄞州，正向世界张开双臂，以崭新的姿态迎接新时代的到来！

以艺术振兴乡村"小切口"
推动共同富裕"大场景"

浙江省宁波市鄞州区农业农村局

近年来，鄞州区紧紧围绕高质量发展建设共同富裕标杆区的目标，大力践行"绿水青山就是金山银山"发展理念，通过赋能"人""地""产""景""文"五个关键要素，探索走出了一条以振兴乡村"小切口"推动共同富裕"大场景"的发展道路，实现全域共建、全员共享、全民共富。

一、背景起因

鄞州之所以要探索实践"艺术振兴乡村、推进共同富裕"的路子，主要是出于三方面原因：一是先行示范有使命。从总书记指示看，早在 2003 年，时任浙江省委书记习近平同志在考察湾底村时，就提出"走出一条以城带乡、以工促农、城乡一体化发展的新路子"的殷切嘱托。从省市要求看，党中央交给浙江"高质量发展建设共同富裕示范区"的重大政治任务，市里提出"高质量发展建设共同富裕先行市"，鄞州聚焦省市历史使命，扛起标兵重担，提出了"高质量发展建设共同富裕标杆区"的目标。二是共同富裕有优势。从经济实力看，鄞州 GDP 总量稳居全市第一、全省第二，连续六年位居全国综合实力百强区第四，高质量发展水平位居全国百强区第十位。从治理优势看，鄞州是全国乡村治理体系建设试点，拥有"全国先进基层党组织"湾底村、"全球500佳国际环境保护村"上李家村等先进村建设经验。从群众获得感看，鄞州早在2008年就率全省之先进入全面融合阶段，近两年两次荣登中国最具幸福感城市第四位，城乡居民人均可支配收入分别达到80797元和47093元，城乡居民收入比为1.717∶1。三是乡村振兴有需求。从区域结构看，鄞州区半城半乡，且城乡间发展层次和形象面貌差距较大。从群众基础看，鄞州2020年已经实现"两不愁三保障"突出问题、人均年收入9000元以下家庭、集体经济薄弱村"三个清零"，物质层面的富裕已经逐步实现，群众对精神层面的富裕有了新的要求和期待，盼望早日享受乡村全面振兴的红利。从发展共识看，在东钱湖城杨村启动艺术振兴乡村2.0版试点成功后，我们又从艺术振兴延伸到哲学振兴、音乐振兴，从乡村辐射到社区，形成全区面上多点开花、以点带面的效果。

二、主要做法

（一）凝聚各方力量，全力推进艺术振兴乡村

振兴乡村的最终目的是为了共同富裕，共同富裕靠共同奋斗，坚持人人有份、人人参与、人人尽力，全面调动企业、社会组织、干部、群众等各方积极性，凝聚共识、积聚力量。一是画好两张图，明确方向路径。全面谋划艺术振兴乡村工作，明确好方向路径、重点举措。主要是画好"两张图"：第一张是设计图。聚焦镇街村社自然资源、人文资源，开展全域摸底调查，形成资源库。出台《鄞州区艺术振兴乡村（社区）工作方案》，

筹划组建区艺术振兴乡村工作领导小组、项目统筹班、基建统筹班、人才统筹班、产业统筹班等"一组四班"组织领导体系。第二张是路线图。立足各村优势资源、特色资源，"因村制宜"制定符合各村实际的振兴路径。我们为城杨村设计了"艺术振兴"路线图，通过小创意、微改造，让城杨村从一个客流少、经济较薄弱的小村庄，蝶变为人气十足的"网红打卡村"；为东吴村设计了"音乐振兴"路线图，全国首个以"中央音乐学院"命名的"乡村音乐教室"落户天童老街，千年天童老街重新焕发新生；为塘溪童夏家村设计了"哲学振兴"路线图，现在村里随处可见哲学小道、哲学漫画墙、哲学走廊、哲学电线杆，已经成了小有名气的"浙东哲学小村"；还为城区丹凤、紫鹃、华侨城等老旧社区设计了"艺术振兴社区"

图 1-1　网红打卡地"城杨驿站"

图 1-2 浙东哲学小村

路线图，助力老旧小区全域更新。二是专业带业余，专家群众携手干。坚持校地联动，探索以专业团队为引擎、本地群众为主体、镇村后勤为保障的工作模式，由专家整体把关村庄规划和风格设计，同时充分挖掘本土能工巧匠，创新点位设计、小品打造、故事融入。鄞州区城杨村邀请中国人民大学专家团队驻点指导，共组织6支近140人艺工队，设计打造节点60个，村民自主用毛竹编制的巨型"农夫的草帽"、巨型酒瓶等成为村中地标级景观。三是村镇带企业，政府市场联合上。用好政府与市场"两只手"，一方面"搭好台"，创新打造村企结对、镇企共建等平台，鼓励企业等参与乡村建设；另一方面"融好资"，探索建立PPP、乡村基金等方式，畅通市场资本引入渠道。鄞州区横溪镇与百度智行签署战略合作协议，引进总投资达50亿元的自动驾驶研发测试运营基地、工程技术中心和创新

图1-3 农夫的草帽

实验室三大中心，大力探索"自动驾驶+"乡村旅游、休闲康养等应用，拓宽了横溪镇艺术振兴乡村发展路径。

（二）依托主题创建，联动提升乡村环境面貌

环境面貌是艺术振兴乡村的第一印象，各类创建活动是提升环境面貌的有效载体。坚持把主题创建与艺术振兴乡村相结合，以创促建、以创促进。一是创建特色型精品线路，让线上风景醉人。坚持"一线一方案、一线一特色"，以乡村自然山水风光为基础，充分挖掘并融入周边艺术名家、名作名画、乡土人文等资源，全面提升精品线路的气质内涵。鄞州区重点打造的10条精品线之一"清奇嵩江·蓝色海湾"线，结合梅溪水库、蓝色海湾等自然资源，串联起沙孟海、沙耆、马友友等艺术名家故居，成功创建浙江省休闲农业与乡村旅游精品线路，今年所涉及乡镇的游客量相较去年同比增长15%。二是创建标志型美丽乡村，让点上风景留人。坚持"改旧、提质、保护"并重，统筹兼顾周边环境、街巷肌理、公共配套，确保建筑风格符合农村特色、文化融入守住乡韵乡愁。鄞州区按照村景融合的理念，差异化推进全区村庄改建，分别打造了以"石

头"为特色的勤勇村、以"清廉"为主题的走马塘村等,成功创建全省新时代美丽乡村示范县,建成国家级美丽宜居示范村 2 个、省级美丽宜居示范村 3 个、省新时代美丽乡村达标村 45 个。

(三)打造产业引擎,增强艺术振兴内生动力

艺术振兴乡村天地广阔,但想飞得高飞得远,产业振兴是引擎,持续造血是关键。坚持改革赋能、创新赋能,调结构、兴产业、活要素、添活力。一是变废为宝,盘活沉睡资源。加强土地、山林、宅基地、房屋等闲置资源的排摸入库,探索实施"征用+挂牌""村统租+镇招商"等开发方式,大力引进社会资本,变资源为资产。鄞州区咸祥镇利用近百亩废弃盐碱地播种花海,吸引众多游客,极大带动了周边民宿经济、餐饮经济等,并成功招引总投资 700 万元的航空飞行营地项目,为村级集体经济带来了源头活水。二是串珠成链,构建产业链条。构建以特色农业为牵引的"产业融合链",推动农业"接二连三",协调发展精深加工、休闲体验、农事节庆等业态;构建以龙头企业为牵引的"产业集聚链",探索形成"龙头企业+合作社+农户""龙头企业+上下游配套企业"等产业化经营组织,实现村村有主打产业、有特色品牌。湾底村党委坚持农商旅联动发展,以打造全国规模最大的桑果种植基地为突破口,逐步打造出植物园、天宫城堡、非遗博物馆等一系列"近郊型"文旅项目,实现村集体净资产 11 亿元、集体年可用资金 3260 万元、农民年人均收入 7 万元、年人均分红 1.5 万元。

(四)注重细节打造,挖掘本土艺术特色资源

艺术振兴乡村既要有大投入、大工程的引擎带动,也要有小创意、小办法的细节推动。坚持从大处着眼、小处着手,创新理念思路和工作举措,点石成金、化朽为奇。一是用好"绣花功夫"法,微改造、精提升。

图 1-4　山体公园

深化乡村微更新、微改造、微整治，推进改造范围从主干道、出入口等核心节点向背街小巷、犄角旮旯延伸覆盖，利用低效零星土地和闲置建筑物进行创意美化与功能提升。通过发动群众、引导社会筹资，将乡村的"边角料"区域创新打造为"群众议事厅"、健身散步的"枕木步道"等创意景点，从"脏乱差"地带成功转型为网红打卡地。二是用好"就地取材"法，深挖掘、细创意。坚持就近选材、就地取材，充分利用农村本地的老砖老瓦、竹林河石、废弃旧物，保护性升级改造原有的自然风貌、人文建筑等，因地制宜打造山体公园、滨水空间、口袋景点，用"小成本"换取"大成效"。城杨村在改造过程中，利用村内外的毛竹林、河卵石、废弃木头等资源，打造了众多形态各异、具有乡土气息的特色小品。三是用好"众筹众办"法，群众议、合力干。充分发挥基层首创精神，在村庄改建、老旧小区整治、环境综合整治等方面，建立健全群众民主议事、自我管理等机制，创新群众自筹、社会支助等形式筹集资金。坚持以群众满意为导向，建立健全"线上＋线下""投票＋评议"等群众参与考评机制，让群众评议艺术振兴乡村工作好坏、干部能力作风优劣，推动工作螺旋上升、迭代升级。

三、成效反响

近两年来，在丛志强教授等专家团队的指导下，鄞州牢牢抓住艺术振兴乡村这个"小切口"，整合了一批闲置空间资源，打造了一批"网红打卡地"，挖掘了一批潜在经济价值，努力推动共同富裕这个"大场景"落地落实，取得了阶段性成效。

艺术美化乡村，改善了人居环境。在鄞州区的乡村，大到乡村的空间结构、建筑造型色彩，小到家庭的庭院布局、设计风格，都体现了自然之美、和谐之美，满足了群众生产生活审美的需要。咸祥镇芦浦村打造了儿童游乐场、爱心墙、艺术休闲椅等"亮点工程"，村民们闲暇之余有了更多休闲娱乐场所；下应街道湾底村将党建元素、文化元素、中国传统元素融于日常小景，对村庄的文化墙、道路旗幡、路灯等进行了立体式、景观式提升，打造出"都市里的村庄，城市中的花园"。

艺术繁荣经济，促进了共同富裕。艺术振兴乡村带来了人才回流、产业振兴，提高了村民收入，壮大了村集体经济。曾经偏僻、贫穷的"空心村"城杨村经过艺术化改造，2021 年吸引游客超 6 万人次，"五一"小长假单日峰值达到 6000 多人次；村民年收入从 3 万元增加到 8 万元，村集体新增展览馆、酒吧、直播间等固定资产面积共约 370 平方米，村集体自营年收入从原先不到 10 万元增长到 30 万元以上。

艺术点亮心灵，提升了乡风文明。在艺术振兴乡村的建设过程中，村民们加强了对村落的情感归属，减少了矛盾纠纷。艺术熏陶如春风化雨般感染村民，提高了村民的素养和境界，也唤醒了村民沉睡的文化自觉，增强了文化自信。有"宁波香格里拉"之称的童夏家村，以"小村庄"承载"大道理"，在村口电线杆、河边步道、村民家门口等地随处可见哲学经

图 1–5　家门口的哲学经典

典，整个村庄就好似一幅哲学地图。"太阳每天都是新的""看到的不一定是真的"等朴素的道理源于村民生活，又反哺村民生活。

　　保护文化遗产，传统文化焕发生机。艺术振兴乡村，使一大批非物质文化遗产得到了发掘、保护和传承。天童老街的"邵家井"始建于 1914 年，曾因道路扩建被埋没，在此次艺术振兴乡村过程中得到了复原，老井周围成了村民的公共交流空间；云龙镇拥有丰富的"龙"文化遗产，重点谋划了"二月二龙抬头"全镇龙舟巡游活动、在中小学开设龙舟特色课程，将龙舟文化推向大众。

四、典型意义

鄞州"艺术振兴乡村、推进共同富裕"的蓝图清晰，特点鲜明。为省市乃至全国乡村振兴提供了高水平的鄞州样板。

（一）坚持因地制宜，各美其美

有效的乡村建设要遵从乡村固有的内生逻辑，焕发乡村内在的生长性。鄞州区发挥资源优势，打造出了一个个生态美村、文化古村、艺术名村、旅游强村。浙江拥有丰富的山水和历史文化资源，各地在乡村振兴中要坚持从实际出发，因地制宜、各美其美，切勿千篇一律、千村一面。

（二）重视人的因素，激发潜能

艺术振兴乡村，不是政府的一厢情愿，也不是艺术家的自娱自乐。群众是艺术振兴乡村的主力军，不仅是获益者、见证者，更是生产者、建设者、经营者和管理者。鄞州区在规划、设计、建设过程中充分尊重民意，挖掘群众潜能，动员村社能人巧匠参与建设，同时十分注重后期的运营维护，走出了一条"艺术赋能村民、村民振兴乡村"的良性路径。

（三）强化系统观念，久久为功

乡村振兴、共同富裕要实现的是物质文明、精神文明、社会文明的同步提升，是一个系统工程。艺术改造环境立竿见影，产业导入也能短期见效，但培养人们的审美意识与生活情趣、激发人的潜能、提高人的素养是润物细无声的长期过程，需要久久为功。各地在推进乡村振兴和共同富裕的过程中，要充分挖掘利用好本土各类自然和历史人文资源，统筹利用好村文化礼堂、新时代文明实践中心等已有平台，系统性、全方位丰富群众精神文化生活，真正发挥好文化的先导作用，促进文化文明、经济社会的融合提升。

育好"三农""追梦人"
打造农创致富"新高地"

浙江省宁波市鄞州区农业农村局

　　鄞州作为全省唯一的全国双创示范基地，全市唯一的全国农村创新创业典型县，深入实施"两进两回"行动，强化政策扶持，创新方式方法，着力引导广大青年回归农村，助力农业高质高效、乡村宜居宜业、农民富裕富足，大力推动共同富裕。

一、主要做法

（一）聚力打造共富平台，以更优质的双创环境打通"造血动脉"

　　将农村双创作为首位战略和栽树工程推进，以整体智治、综合集成的理念谋划全域创新。强化政策扶持。打破行业界限和部门分割，将功能相近、项目类同的涉农资金进行优化归类，全面整合 17 个部门 56 项涉农资金，让财政资金集中力量办大事，每年安排农村创新创业专项财政扶持资金达 1.6 亿元，并建立了规模 8600 万元的农村创新创业基金。注重平台搭建。全区先后建成 6 个国家级星创天地、孵化面积 8855 亩，建立线上线下服务平台 20 个，孵化农业科技型企业 74 家，创客及团队 159 个。率

图 2-1　农创客发展联合会成立大会

先成立全市首个县级农创客发展联合会，发起全省首个农创客公益联盟，累计培育农创客 92 人。同时，充分利用浙江大学、宁波大学等高校资源，搭建与本地种业企业的产学研对接平台，建成了"蔬菜精准育种中心"和"蔬菜育种省级重点农业企业研究院"。完善金融保障。积极鼓励金融机构将金融资源配置到农村经济和社会发展的重点领域和薄弱环节，将有限的信贷额度向农村领域和小微企业倾斜。与鄞州银行签订金融支持乡村振兴战略合作协议，总授信额度达 50 亿元；鄞州银行"创客贷"金融政策为 11 家农创客企业开通贷款绿色通道，放贷金额 6890 万元；同时不断扩大农业保险覆盖面，创新推出蔬菜制种综合险、水稻附加收获险、农产品质量安全责任保险、气象指数保险、土地流转保险等政策性农业保险新险种，目前区内农险品种已达 97 个，为农业领域创业创新筑起一道坚实的"避风墙"。

（二）紧密联结共富模式，以更丰富的"以创带就"畅通"输血渠道"

以农创客为主力军，发挥农业基地、合作社等主体帮扶作用，与农民建立直接的利益关系，带动小农户共同致富。"基地＋农户"模式，扩大产业规模优势。农创客柯汉强在自有基地的基础上，把周边分散的农户集中起来，进行统一规划，统一品种，统一管理，统一技术服务，统一销售，带动周边农户50余户，实现每年每户收益15万元以上。"基地＋农户＋超市"模式，破解产品销路难题。农创客左敏

图2-2 农创客的雪菜"鄞雪18号"

不仅为农户做品牌提升，还帮助他们对接宁波百联邻里生鲜超市、世纪百联等20余家超市以及拾物恋等平台，从"线上＋线下"拓宽了农产品销路，累积销售额破亿元。"合作共享"模式，激励农民创业信心。农创客柴安琪除了带动村民就业增收外，还吸纳农户加入创业项目。他以托底收购的方式将2万多个松花菇菌棒低于市场价提供给愿意种植的农户，让农户成为产业的参与者、建设者、共享者，实现农户年增收8万元以上。

（三）多元赋能共富路径，以更强大的帮扶合力稳固"补血基站"

充分发挥农创客发展联合会的凝聚、引领作用，在农业技术、营销等

方面实现突破创新，辐射带动农民增收致富。科技引领致富路。发挥高精尖人才引领带动作用，国家"万人计划"科技创业领军人才薄永明带领团队反复试验育出"提味""美都"等瓜菜新种子，累计帮助农民实现增收增产 30 亿元以上。依托区农业技术部门建立高效新型农业示范基地，发挥农技创新团队试验、示范、推广作用，累计引进各类农业新技术 20 余种，建立、优化新工艺 10 余个，推广应用面积 10 万余亩，实现农民增收 3000 万元。通过"专家＋创客""线上＋线下""课堂＋田间"的定制型培训模式，每年完成农村实用人才培训 650 余人次，普及型培训近千人次，不断提高现代农民的综合素质。数字化拓展致富路。与阿里巴巴集团签署数字乡村建设合作框架协议，利用大数据、云计算、AI 技术等，从

图 2-3　农创客肖艺在网上直播销售

互联网、数字经济角度让鄞州农业生产链、供应链、销售端升级,大力推动农村电商发展,为农民脱贫致富开辟新空间。全市首家农村电子商务孵化园,实现全年农产品销售额 2 亿元;淘宝特色宁波馆,通过"网红直播"和互联网销售,打破农产品"上行"壁垒,累计服务农产品电商 816家,实现电商交易额 9.32 亿元;"易中禾"建成宁波首个浙江省农播示范基地,帮助宁波孵化了一批批优秀的农播达人。公益照亮致富路。成立农创客"公益联盟",以聚智、聚资、聚力为核心,强化资源整合,引导广大农创客投身公益、多行善举,因地制宜设立一批"扶贫基地""公益项目"等共富载体。2021 年,全区农创客共建扶贫基地 9 个;推进"爱心助农"公益项目,采取"以购代捐""以买代帮"的形式,累计助农销售水果约 300 吨。

二、成效反响

(一)现代都市农业发展成效显著

进入基本实现农业现代化阶段。2021 年实现农林牧渔业总产值 42.23亿元,同比增长 4.24%。获评全国农村创新创业典型县、全国县域数字农业农村发展先进县、全国农民专业合作社质量提升整县推进试点和国家农产品质量安全县。现代种业强区建设扎实推进。两家种业企业进入全国行业领域前十名,"种业强区"建设的经验做法得到中央农办主任、农业农村部部长唐仁健批示肯定,并获评全省争先创优行动"最佳实践"。粮食高产攻关持续多年走在全国前列。创造 11 项浙江省农业吉尼斯纪录,产业平台加快打造,列入全国农业产业强镇 1 个,建成省级特色农业强镇 3个,各级现代农业园区 65 个。

（二）农业双创平台建设扎实有效

全区现有鄞州区青创农场星创天地、鄞州鄞农星创天地、天宫庄园农创园星创天地、鄞州绿洲农科星创天地、宁波传奇农业产业孵化园星创天地、易中禾星创产业园等 6 个国家级星创天地，占全市总数的一半，拥有孵化面积约 120 万平方米（约 1800 亩），建立线下服务平台 15 个，孵化农业科技型企业 58 家、创客及团队 210 个。鄞州区受到国务院通报表扬，入列成效明显的区域"双创"示范基地名单，真正成为全国"双创"优等生。

（三）优秀农业"双创"主体不断涌现

深入开展农村创业创新行动，引进市"泛 3315 计划" 4 个，区"泛创业鄞州·精英引领计划"3 个，高端农业创业人才已达 38 人，其中国家"万人计划"科技创业领军人才 1 名，全国创新创业带头人 2 名。培育农创客 224 人，成立全省第四、全市首个县级农创客发展联合会，发起全省首个

图 2-4 鄞州农创客公益联盟

农创客公益联盟，成立全市首个农创客发展联合会。涌现出了入选全国农村创新创业优秀带头人百个典型案例的"90后"农创客种粮大户汪琰斌、浙江省百名大学生农创客姚春梅等一大批农业双创主体。

三、经验启示

近年来，"大众创业、万众创新"成为中国经济的新引擎，创客成为点燃双创热潮的新动力。农业领域迫切需要在创业创新人才培育方面做出积极探索。鄞州区通过政策引导、搭建平台、培育典型、加大宣传等办法，培育壮大农创客队伍，成为驱动乡村振兴的"生力军"。给鄞州"三农"发展带来了新的能量和活力，他们注重以精细、生态、科学的生产过程来强化农产品的绿色安全，影响和改变了农村传统的生产方式，带领农民走上了增收致富路。在农创客带动下，越来越多的年轻人选择到农村去，当农创客，放飞梦想，实现价值。他们为乡村注入新活力，并在乡风文明、乡村治理等方面发挥了积极作用。

浙江 · 桐乡

TONGXIANG · ZHEJIANG

"古有梧桐，凤凰来栖。"作为世界互联网大会永久举办地、"三治融合"的发源地——桐乡因古时遍栽梧桐树而得名，寓意"梧桐之乡"。全市总面积727平方千米，辖8个镇、3个街道，户籍人口70万、新居民57万。2020年，全市实现农林牧渔业总产值44.1亿元，农业增加值28.3亿元，农村居民人均可支配收入43709元，城乡居民收入比1.56：1，是全国城乡收入差距最小的地区之一。

近年来，桐乡市深入贯彻习近平新时代中国特色社会主义思想，始终牢记习近平总书记"建设好乌镇，发展好桐乡"的殷切嘱托，以实施乡村振兴战略为抓手，大力推进"千万工程"和美丽乡村建设，统筹城乡各项事业发展，先后获评全国乡村治理体系建设试点县、全国休闲农业与乡村旅游示范市、全国县域数字农业农村发展水平评价先进县、全国农村创业创新典型县、全省乡村振兴产业发展示范建设县、全省实施乡村振兴战略优秀单位等荣誉称号，入选首批国家城乡融合发展试验区，走出了一条颇具平原水乡特色的乡村振兴发展之路。

浙江
桐乡

育出好种苗　激活农业"芯"
桐乡市高质量发展现代种业显成效

浙江省桐乡市农业农村局

种业是一个触及农业发展命脉的产业。浙江省桐乡市坚持把种业振兴作为推进农业高质量发展的关键抓手，构建以政府为主导、企业为主体、产学研融合、育繁推一体的现代种业发展体系，为推动农民农村共同富裕激活农业"芯"动能。全市累计创建国家级农产品地理标志产品 3 个，建成种子种苗生产基地 27 个，年产优质种苗 4 亿株以上、水产苗种 40 亿尾，带动创造农业产值 44 亿元。

一、主要做法

（一）"平台孵化 + 主体引育 + 品牌创建"，打造现代种业集群

一是建平台稳链。聚焦种业孵化服务，率先探索以镇为单位的种业创新平台，打造以农业经济开发区为核心的产业优势突出、资源集约高效、产村深度融合、特色错位竞争的种业发展格局。以国家级星创天地崇福农创园为例，依托花卉特色产业，采用"政府搭台、创客唱戏"的模式，打造集品种研发、良种生产、市场推广、科技服务为一体的"育繁推服"种

图 3-1　国家级星创天地桐乡崇福农创园

业全链条服务，实现企业与政府、服务机构、金融机构的顺畅对接。截至2021年末，累计引进培育"小虫草堂""绿程玫瑰"等花卉类种子种苗企业24家，全年产值突破7000万元。

二是抓龙头强链。深入实施农业"壮腰工程"，做大做强种业高质量发展中坚力量。连续举办四届高规格农业经济洽谈会，以优质高效、富有活力的创业生态驱动人才、项目入驻，共签约项目173个，总投资超150亿元。近年来，先后与全国育苗行业第一家上市企业山东安信种苗、浙江勿忘农种业、珠海海生水产种苗等种业龙头企业达成合作协议。山东安信、中科康成两大蔬菜种苗企业实现当年签约、当年建设、当年投产，年育苗能力达8000万株以上。培育壮大新型农业经营主体，加强湖羊、杭白菊、槜李、桑苗、茭白等本地优质种质资源挖掘保护推广，累计培育优质种业企业41家。

三是创品牌优链。发挥省级现代农业园区、农业经济开发区等平台产

图 3-2　桐乡市农业经济洽谈会

业集聚、主体集中、要素集约等优势，加快发展本地优质种源保护推广和
"桐之乡味"农产品区域公共品牌打造。成立农科所三新试验基地，实施
"一头羊三株苗"种业振兴计划（湖羊，桑苗、杭白菊和槜李）。由 18 个村"抱团联建"的湖羊产业集群入选国家农业产业融合发展项目，年供应优质种羊 1 万头以上；杭白菊、槜李、董家茭白获国家农产品地理标志登记；梧桐桃园槜李、董家茭白、石门殷家漾蜜梨、大麻中华鳖获全国一村一品示范村镇，数量位居嘉兴首位；董家茭白、桐香猪肉成为

图 3-3　桐乡湖羊

图 3-4 桐乡槜李

G20 杭州峰会、世界互联网乌镇峰会等国际性会议的指定供应产品。

（二）"多元联动＋科技创新＋集成示范"，推动成果就地转化

一是深化合作交流。强化与中国农科院、浙江大学等院校合作，联合朱永官、沈建忠两位桐乡籍院士，成立长三角健康农业研究院、国农机器人产业创新研究院、复旦大学乡村振兴青年工作站等科研基地，从研发、创新、培训、共享、管理等层面加快推进科技创新和成果推广转化。长三角健康农业研究院配套建设 5 个研发中心和 300 亩示范基地，打造全国领先的创新孵化和成果转化平台。与吉林白城、嘉兴市农科院开展三地合作，实施"百豆园"项目，共种植农产品 156 种，打造集繁种试验、保存展示、科普教育等于一体的豆类种质资源圃。

图 3-5　桐乡安信数字化种苗工厂

二是强化科技创新。深入实施农业"双强"行动，以数字化改革为抓手，开展种源核心技术攻关，加快突破性新品种培育推广。围绕水稻、杭白菊、水果、畜禽等优势产业，先后引进、选育、改良龙茭 2 号等优质品种 60 余个，拥有专利 29 项，全市主要农作物良种覆盖率稳定在 97％以上，主要畜种核心种源自给率达到 65％以上。如"葡萄能人"沈金跃研发的阳光玫瑰，每串标准统一，1.2 斤、50 粒、甜度 20，实现了按串售卖。引进安信数字化种苗工厂，配备数字化种苗技术与智能化设备，劳动力成本缩减至原来的 1/15，种苗嫁接成功率高达 95％以上。

三是推进集成示范。依托千万农民素质提升工程、"田间学堂"等创新载体，发挥全国劳模张继东、"葡萄能人"沈金跃、茭白专家张永根等"土专家""田秀才"优势，开展"理论授课＋本地实践"沉浸式培训，推动良种从实验室走向田间地头。累计建设农业标准化生产示范基地 49 个，培育农村实用人才 1.3 万人次。坚持人才下沉、科技下乡、服务"三农"，持续实施农村工作指导员、科技特派员制度，打通农业科技转化的"最后一公里"。两年来，共选派农村工作指导员 17 人、科技特派员 113 人。2021 年，成功推广小洋菊种植面积 4.9 万亩，本地市场占有率达 99%，产值达 4.68 亿元，成为共富路上的"金种子"。

（三）"政策加持 + 人才保障 + 行业监管"，构筑优质发展生态

一是强化政策加持。出台农业高质量发展 21 条、农业双强等指导性政策意见，配套项目补助、贷款贴息等政策，统筹财政资金、用地指标等资源要素向种业研发、生产、应用、推广等方面倾斜。发挥财政资金的引导和杠杆作用，通过政府与社会资本合作、政府购买服务、担保贴息、以奖代补等措施，引导和撬动更多金融资本和社会资本。如对农业龙头企业贷款用于现代种业发展的，最高给予 50% 的贴息奖励。2021 年以来，共落实财政贴息补助 176 万元，撬动农业发展贷款资金 2.15 亿元。

二是强化人才保障。创新"全域农创"发展理念，深化"乡村振兴人才新政" 20 条，实施千万农民素质提升工程，以优质高效、富有活力的创业生态驱动"高、精、尖、缺、特"人才、项目入驻，保障种业创新活力。截至 2021 年末，累计培育农创客 424 人；先后引育国内食虫草第一人刘国明等种养技术人才 20 余人；华腾牧业院士专家工作站成功晋升为省级院士专家工作站，成为嘉兴市农业领域首家省级院士专家工作站。

三是强化行业监管。以国家农产品质量安全县创建为抓手，强化种子行政许可、种子质量和种子市场监督管理，严厉打击未审先推、侵权生产等违法行为，督促种子生产经营企业提高质量管控意识，规范种子市场秩序，保障农业生产用种安全。近三年累计查处各类种子案件 12 起，罚

没款 9.3 万元。同时，全面落实种子储备制度，应急储备种子 10 万公斤，保障种子供应、生产、经营等全程安全可控。

二、经验启示

实施现代种业振兴行动，打造种业强市，是桐乡市牢记习近平总书记嘱托，端牢中国饭碗、扛牢维护粮食安全重大责任的主动担当，更是推进共富美好新桐乡建设的重要举措。为此，要重点聚焦以下"三个机制"建设：

一是院地合作科研发展机制。通过政府与科研院校的深度合作，成立种业科研基地，不仅可以加快科技成果转化速度、提高转化效率，而且还能及时反馈产业的实际需求，便于专家学者开展更精准的研究，形成良性循环，成功将种质资源研究模式由传统的"单打独斗"式转变为"协同创新"式。

二是政府引导企业引育机制。立足长三角腹地区位优势，桐乡市以镇为单位打造具有区域特色的产业集群，出台"三农"政策包，举办农业经济洽谈会，营造优渥的农业营商环境，吸引了一批高质量的种业龙头企业入驻，为打造现代种业强市打好基础。

三是种业带动全民共富机制。村集体将流转土地集中连片，建设现代高效农业大棚等基础设施，委托优质种业企业负责经营，并带动周边农民就近就业，由此壮大村级集体经济，实现村集体、企业、农户三方共赢。同时，为低收入农户开通"绿色通道"，以承包地入股，有劳动能力的低收入农户可获得土地租金、入股股金、就业薪金"一地三金"收益。

浙江·平湖
PINGHU·ZHEJIANG

浙江
平湖

　　平湖位于东海之滨，地处浙江省东北部，"沪、杭、苏、甬"四大城市菱形对角线的交汇点，北接上海市，南濒杭州湾。全市陆地面积 557 平方千米，海域面积 1070 平方千米，海岸线长 27 千米，户籍人口 51.3 万，常住人口 68.4 万。

　　境内地势平坦、河网密布，四季分明、气候宜人，是江南著名的"鱼米之乡、瓜灯之城、文化之邦"，素有"金平湖"之美誉。平湖是全国综合实力百强县，也是浙江省首批扩大经济管理权限的 17 个强县市之一，是国家卫生城市、国家园林城市、全国双拥模范城、全国科技进步先进市、全国文化先进市、中国书法之乡、国家级生态示范区和浙江省示范文明城市。2021 年，全市实现生产总值 907.50 亿元，财政总收入 158.30 亿元，一般公共预算收入 96.58 亿元，城乡居民人均可支配收入分别达到 71814 元和 43914 元。

　　平湖历史悠久、文化灿烂，已有 6000 多年的历史，历经马家浜文化、良渚文化，是吴越文化交融之地。因其地汉时陷为湖，"其后土脉坟起，陷者渐平，故名平湖"。涌现了二十四孝怀橘遗亲的陆绩、南宋书画名家赵孟坚、清代第一清官陆稼书、弘一大师李叔同、中国高等书法教育奠基人陆维钊、三百年来篆刻第一人陈巨来等文化名人，建县以来先后有明清两代进士 221 人，举人 668 人，中华人民共和国成立后有"两院"院士 8 人。

　　随着长三角区域一体化、浙江海洋经济发展、"一带一路"等的推进以及沪乍杭铁路的开工，平湖的区位优势更加明显，发展前景更加广阔。平湖将主动顺应世界发展新潮流，深入践行创新、协调、绿色、开放、共享五大发展理念，加快建设富裕美丽、和谐幸福的现代化"金平湖"。

"小积分"撬动"大治理"
开启乡村善治新模式

浙江省平湖市农业农村局

　　治理有效，是乡村振兴的重要内容，也是国家有效治理的基石。近年来，平湖市积极探索乡村治理新途径，大力推行乡村治理积分制改革，全面推广"股份分红＋善治积分"乡村治理模式，激发村民参与乡村治理的积极性，让乡村治理从村里事变成了"家里事"，以"小积分"撬动社会"大治理"。该模式入选全国乡村治理积分制八大典型案例。创新开发"善治宝"应用，入选浙江省农业农村数字化改革第一批"优秀应用"名单。截至 2021 年末，全市"股份分红＋善治积分"收益分配模式行政村覆盖率达到 100%；农户乡村治理参与率 100%，推动解决各类矛盾问题 9800 多个。

一、创新推行"积分制"，人人参与促成大改变

　　钟埭街道沈家弄村村民小组长钟丽平发现村民们的环境卫生意识增强了，房前屋后乱堆放明显少了，垃圾分类准确率也高了。"2019 年 7 月村里开了股东大会，部署开展'股份分红＋善治积分'新模式。"钟丽平说，了解到做得好有积分奖励，大家都很在意，积极投身村里环境整治、垃圾分类等。如今沈家弄村村民的环境意识明显提升，从之前的漠不关心转变

为行动自觉，历年欠款也都主动上交，甚至有越来越多的村民主动参与到不文明行为、破坏环境行为的监督中，现在村里环境整洁有序风气好，焕发出了新光彩。沈家弄村这样的改变，只是平湖实施"股份分红＋善治积分"模式发生变化的一个缩影。

图4-1　沈家弄村"股份分红＋善治积分"表彰大会

平湖市"股份分红＋善治积分"模式是通过奖分和扣分来记录农户参与乡村管理的综合行为，产生农户善治积分，然后再把股份分红与善治积分挂钩，在传统的按股分红的基础上，增加按积分激励，并向高分农户倾斜，激发和调动农户参与乡村治理的积极性。

那么，"善治积分"从何而来？平湖市出台全市善治积分项目菜单，明确积分制以户为单位，按年实行动态管理，股东户年度善治积分为"基础分100分＋总加分－总减分"，作为积分激励的依据。在此基础上，各村（社区）根据各自村情个性化设置、动态调整加减分项，明确各项目分值，并按照"按季打分、复评复核、四次公示、告知农户"的要求，公开公示评分结果，按年动态管理，当年运用积分结果进行分红或奖励。

2018 年，平湖在林埭镇祥中村和当湖街道通界村试点开展"股份分红＋善治积分"模式。2019 年，在总结试点经验的基础上，全面推广"股份分红＋善治积分"模式，出台了指导意见，引导全市村（社区）因地制宜，推行"股份分红＋善治积分"收益分配模式，借力积分激励制度，让村民群众参与到农村社会治理中来。2020 年以来，加快"股份分红＋善治积分"模式数字化转型，创新开发市、镇、村、农户四级应用"善治宝"小程序，探索推进乡村"智治"。2021 年，出台"股份分红＋善治积分"嘉兴地方标准，确保模式有序、规范、标准化实施；以数字化改革为契机，迭代升级"善治宝"，加强善治积分数字化管理应用，促进乡村治理提质增效。

二、积分激励"多样化"，多方联动催生内动力

"股份分红＋善治积分"模式，股份分红部分按持股份额配发，保障股东户的基本法定权益，积分激励部分与善治积分增减直接挂钩，叠加形成一份份"美丽"红包，年底进行统一发放。

正因如此，股东户对自家积分都很在意，在他们看来比拿到积分奖励红包更重要的可是面子问题。"人人都夸我家院子干净整洁，为啥不加分？"2020 年 11 月，通界村村民朱秀英看到最新月度积分公示栏后很不服气，当即跑到村委会要求参加下个月的评分。当朱秀英跟着村务监督委员会成员、村民小组长等组成的评分小队打了好几天分后，发现那些因房前屋后整洁度加分的股东户，都对庭院做了精心设计，心里的疙瘩解

图 4-2　评分小组检查环境卫生

开了。

　　驰行千里服务群众的基层民警丁秋美，2019 年入选了中国好人榜，获评国家级荣誉，作为通界村股东户善治积分可加 30 分。因此，她家年底分红多一笔收入：年底积分分红＝积分基础奖（按股分红金额 ×110%）＋积分加分奖（按股分红金额 ×30%），得到积分奖励是 247.04 元，外加被评为和美股东户奖励 300 元，丁秋美一家 2019 年获得奖励 547.04 元。

　　自实施"股份分红＋善治积分"模式以来，平湖全市累计积分分红 978 万元。其中，通界村共有股东户 698 户，累计发放积分激励资金 25.03 万元；2020 年获得加分的 496 户股东户中表现优秀的最多在按股分红基础上增加了 60%。

图 4–3　当湖街道"善治积分"高分户领取福利

图 4–4　当湖街道"股份分红＋善治积分"授信仪式

随着"股份分红+善治积分"模式的深入推进，广大村民不仅享有以股东身份参加分红、参与环境整治和村务管理，而且还能享受特定服务待遇。2020年，平湖在当湖街道通界村、钟埭街道沈家弄村试点"善治积分贷"，平湖农商银行依照村民村经济合作社股权数、善治积分换算成授信额度，按善治积分得分情况实行差异化的利率优惠政策，村民积分越多，授信额度就越高，享受利率也越优惠，贷款额度最高50万元，最低可享受LPR利率。截至2021年末，已为全市6.1万户农户，办理了"善治贷"授信115.93亿元，实际用信4645户、户均11.5万元。如通界村陈金林家庭通过善治积分享受到50万元的最低贷款利率做起木材生意，一年少付利息4000元，通过自主创业实现增收致富。

除此之外，平湖市创新探索全社会参与乡村治理机制，不断拓展延伸积分运用，通过市农业农村局的统筹协调，文旅局、农合联（供销社）、农商银行、大润发超市、永辉超市、移动公司、华数公司、人财保险等多

图4–5　通界村善治积分高分户福利认领仪式

个单位，为 2019 年度高积分户提供了贷款优惠、培训卡、旅游券、消费券、超市实物礼品、宽带上门安装、送手机流量和保险优惠等实实在在的福利。2020 年 9 月，在当湖街道通界村成功举行全市首批"股份 + 积分"分配模式高积分股东户福利认领仪式，10 月中旬集中发放福利，有效提升了村民们的荣誉感和获得感，进一步激发了村民们参与乡村自治的热情和比学赶超的意识，汇聚起乡村共建共治的强大能量。

三、积分管理"数字化"，乡村治理驶上快车道

"有了这个'宝'，以后村干部再也不用拿着小本本上门了，高效又精准。"钟埭街道沈家弄村党委书记孙国强说，以前村民善治积分统计全靠手动，村民对自己阶段性的分值无法实时了解，接下来村民只需手机登录，就能自主查询积分情况，各自手里有本账，配合村里工作也更加积极了。

孙国强所说的"宝"，指的就是 2020 年 6 月在平湖第四届农业经济洽谈会上正式亮相的"善治宝"应用。它是平湖顺应乡村治理数字化转型趋势，深化善治积分管理，积极探索积分数字化管理的产物。"善治宝"是一个以农村居民为主要服务对象、集数字化乡村治理和公共服务为一体的综合性平台。通过搭建全市善治积分数字化管理平台，开发手机终端"善治宝"微信小程序，实现工作人员线下实地看、实时上传、线上评分，方便村民动态了解自己的积分明细、村内排名、可享受权益和村发布的志愿任务包等，有利于村民互相监督，推动了乡村治理提质增效。

"现在我想知道最近村里花了什么钱，再也不用每次都跑到村部的公开栏去找了，只要点点手机就能看到"，当湖街道通界村村民老唐这样说道。原来"善治宝"设置了"三务公开"模块，将农村的村务、财务、党

务线上公开,有效促进了村干部廉洁自律,密切了干群关系。这下,村里发生的任何重大事项,村民都能及时了解,民主监督有了更强有力的保障。

"有了'善治宝'网上积分商城,我在手机上直接就能通过积分兑换领到我想要的福利了。"当湖街道村民陈志英兴奋又骄傲地说道:"我家积分在村里算高的,这次我换到2张餐餐乐消费券总共100元呢,太方便了。

图4-6 善治宝首页   图4-7 浙农补页面

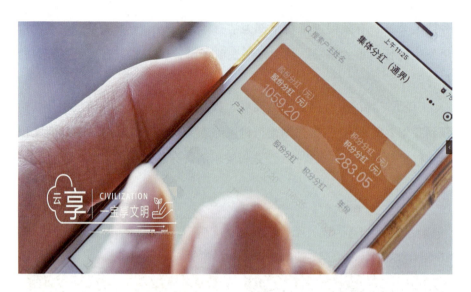

图 4-8　村民查询股份分红、积分分红

而且我现在拿着手机就能向我的亲朋好友展示，感觉很有面子很光荣。"

2021 年，搭乘数字化改革东风，平湖市加快"善治宝"迭代升级，丰富优化善治积分、集体分红、三务公开、积分商城、普惠金融、浙农补等功能，打通农民建房"一件事"系统、智能垃圾分类系统、农村产权交易平台等 5 个跨部门系统，实现积分评价、积分运用、信息公开和公共服务数字化，更加有效地衔接村民需求和服务供给，提供更优质的乡村公共服务，推动形成乡村智治、善治的良性循环。同时，通过管理后台的巡查拍照和劳务管理等功能，大大地提高了村级监管效率；利用大数据运算技术，基于平湖数字乡村大脑，通过对数据的不断采集、分析和优化，改变传统经验决策模式，科学分析乡村治理短板和优势，有效提升乡村治理精准化水平。截至 2021 年末，善治宝已实现 72 个行政村全覆盖，录入家庭6.7 万户，注册人数 5.7 万人，月均活跃度达 2.5 万人次。

浙江 · 松阳
SONGYANG · ZHEJIANG

松阳地处浙西南、浙江大花园最美核心区，县域面积 1406 平方千米，总人口 24 万。

松阳是一片天生丽质的桃花源。四周群山环绕，生长着华东最大的原始森林。中部一马平川，坐拥浙西南最大的山间盆地。空气质量优良率达 99% 以上，水质达标率 100%，是国家生态县，"中国天然氧吧"。

松阳是一本底蕴深厚的历史书。松阳建县于东汉建安四年（公元 199 年），古城格局完整，文庙、武庙、城隍庙犹存，古街上仍保留着传统农耕商业业态，堪称"活着的清明上河图"。拥有"东方比萨斜塔"延庆寺塔、"木雕博物馆"黄家大院等珍贵物质文化遗产和"戏曲活化石"松阳高腔等国家级非物质文化遗产，被誉为"最后的江南秘境"。

松阳是一方星火燎原的红土地。松阳是浙江革命遗址存量最多的革命老根据地县之一，是浙西南革命老区的中心区域，是红军挺进师浙西南根据地的组织核心和指挥中心，堪称浙西南的"井冈山"，保存完好的革命遗址有 138 处。

松阳是一个香飘四海的茶之乡。"百里乡村百里茶"，松阳是全国茶产业发展示范县、中国十大生态产茶县、中国名茶之乡，全产业链产值超 130 亿元。浙南茶叶市场辐射全国 1000 万亩茶园，是全国农业龙头企业，全国最大的绿茶产地市场、中国绿茶价格指数发布市场。

近年来，松阳围绕建设现代化"田园松阳"目标，聚力打造"智能制造新城""中国有机茶乡""全域康养胜地""国家传统村落公园"四张"金名片"，城乡建设不断完善，经济社会发展取得显著成效。

浙江松阳

解构古韵松阳路径　　绘就古村共富样板

浙江省松阳县人民政府

近年来，松阳紧紧抓住高质量发展建设共同富裕示范区、山区 26 县跨越式高质量发展、浙西南革命老区等政策机遇，围绕建设现代化"田园松阳"目标，按照"活态保护、有机发展"的理念，开展传统村落保护利用、拯救老屋行动，让百余个古村和 200 余幢老屋重焕新生。

一、背景起因

在浙江的西南部，隐藏着百余座格局完整的千年古村落，曾被《中国国家地理》誉为"江南最后的秘境"。千年前，诗人王维隽永的山水诗篇中，一句"按节下松阳，清江响铙吹"，让人对它遐思无限。宋代状元沈晦更是发出了"惟此桃花源，四塞无他虞"的赞叹。偏居浙南一隅，却有着与众不同的静谧。

松阳位于浙江大花园最美核心区，生态资源、乡村资源、文化资源禀赋，至今保留着中国传统村落 75 个，被誉为"古典中国"的县域样板。松阳在全省较早系统探索文化引领的乡村振兴之路，按照"活态保护、有机发展"理念，通过实施"千万工程""拯救老屋"等行动，在"农村人居环境整治提升、历史文化（传统）村落保护利用、乡愁产业培育融合发展、乡村文化有效传承、乡村内生动力激活"等方面初步形成一些成果。松阳先后被国家部委列为中国传统村落保护发展示范县、全国传统村落保护利用实验区、"拯救老屋行动"整县推进试点县。其中"拯救老屋行动"写入党中央、国务院发布的《乡村振兴战略规划（2018—2022 年）》。松阳乡村振兴实践得到各界认可，也得到国际关注，作为全国唯一县域代表参加首届联合国人居大会，并与联合国人居署共同举办了两届城乡联系国际论坛，为全县域乡村发展、人居环境提升奠定了良好基础。

二、主要做法

（一）崖居古村现代化"大蝶变"

处在悬崖边上的松阳县四都乡陈家铺村藏在海拔 800 米的大山深处，三面环山，山多地少。村集体经济薄弱，村民收入微薄，随着青壮劳动力不断流失，村子渐渐失去了原有的活力。怎么做才能让村庄"复活"，这让一代又一代村民绞尽脑汁。村书记鲍朝火认为，村里虽然穷，但干净的环境，自己住着舒服，外人看着也舒服。通过村集体和全体村民的协同配合，拆猪栏、拆旱厕，出邻村两倍的工资雇请专职保洁员，曾经污水横流的村庄有了蝶变，村民房前屋后种上了花草，古村卫生检查名列全县前茅。接着，继续推进村里的生活饮用水提升工程，硬化拓宽村里的各条道路，古村住起来越来越舒服。

不能守着金山要饭吃，陈家铺村独特的天然禀赋和生态资源，吸引了越来越多的人到村里洽谈投资。在县政府关于民宿产业发展的指导和帮助下，鲍朝火和陈家铺村村民一致认为，一定要定下"择偶"标准，切合地域特色，发挥生态资源优势，带动百姓致富。在县政府对招商工作的大力

图 5-1　先锋书店

支持下，鲍朝火积极对接有关部门，希望把优质客商吸引到陈家铺，参与乡村建设。2016 年 5 月 18 日，被誉为全球十大最美书店之一的先锋书店正式签约陈家铺，命名为"陈家铺平民书局"。在品牌的带动下，云夕MO+ 国际共享度假办公空间、飞茑集精品民宿等项目纷纷落户陈家铺。

　　一心筑巢引凤栖，陌上花开蝶自来。陈家铺村开启了外来工商资本助推发展的乡村振兴之路。国际共享度假办公空间陈家铺村集体占 8% 的股份，还有房租的保底收入，每年能给村集体经济带来 30 余万元收益，更能增加 100 多个就业岗位。发挥村集体的作用，把闲置的资源盘活，实现效益最大化；搭建好平台，把合适的产业引进来，让更多人回村创业，实现保护和发展的良性循环。

（二）顶层设计超前谋划的"大平台"

像陈家铺村这样的国家级传统村落，松阳县有 75 个。自 2012 年起，松阳以传统村落保护利用为切入，立足"最大优势是生态、最大特色是田园、最深底蕴是乡土文化"的基本县情，积极探索"文化引领的乡村振兴"实践。乡村人居环境明显改善，传统文化得到加强保护与发展，全县超过半数乡村植入各类新业态，展现蓬勃发展生机，近四年全县常住人口增加 6400 余人。松阳的传统村落保护利用工作得到了国内外的广泛关注。"乡村变迁：松阳故事"登上国际舞台，同联合国人居署建立常态化合作机制。

为进一步总结和提升传统村落保护发展工作，全面推动乡村振兴，松阳广泛深入调研、系统构思谋划，县委十届十次全体（扩大）会议上，充分总结前阶段成效，正式提出打造"国家传统村落公园"，作为松阳建设

图 5-2　四都乡陈家铺村

高水平生态文明和高质量绿色发展重要窗口示范区的硬核成果支撑。

2021年7月，松阳印发《松阳县跨越式高质量发展综合改革实施方案》，以深入实施做大产业扩大税源行动和提升居民收入富民行动，用好"跨山统筹、创新引领、问海借力"三把金钥匙，探索构建山区县在数字化改革、税源培育、共同富裕、新型城镇化等方面的新机制，全力将松阳打造成为高水平生态文明建设和高质量绿色发展"重要窗口"示范区、全省新发展格局中的县域支点、诗画浙江大花园最美核心区中的重要板块、全省山区跨越式高质量发展的先行标杆、全省共同富裕示范样本，为全省山区高质量跨越式发展、社会主义现代化建设贡献更多松阳实践、松阳元素。

松阳充分统筹"两山"、乡村振兴绩效奖补、老屋修缮、"山海协作"等各类资金，用于农业农村乡村产业发展、历史文化村落保护利用项目、人居环境提升等领域，显著改善农村人居环境，有效撬动外来资本、工商资本"入驻"乡村，其中"三都—四都"传统村落片区至少投入3亿元打造古村落复活示范片区。先后密集印发《松阳县招商引资工作目标责任制考核办法》《松阳县招商（招才）顾问实施意见》《松阳县招商引资（引智）中介机构奖励实施办法》，全力招引工商资本、乡村文创等主体投入农业农村，形成县域内"县长招商、系统招商、人人招商"的良好氛围。

三、成效反响

（一）先行先试凸显"大成效"

松阳以乡愁产业培育融合发展为切入口，通过整合山林、农业、水、房屋等资源，深入挖掘和开发利用具有松阳特色的名特产品、民俗风情等在地资源，发展生态产业、农产品加工、乡村旅游、文化创意、自然教育、运动休闲、养生养老等乡村产业，打造新型农业经营主体、村集体、工商资本共同参与的"乡村品牌"，"云端觅境""过云山居"等一大批精品点位名声在外，全县发展民宿（农家乐）达 520 余家；建成生态农业基地 45 个，豆腐、红糖、白老酒等系列乡村工坊不断涌现，开发古村落摄影、写生线路 8 条，枫坪乡沿坑岭头村、新兴镇官岭村、三都乡杨家堂村等"画家村""摄影村""抖音村"深受大众喜爱，国际天空跑等赛事络绎不绝，成为美丽经济转化的样本。

以农村人居环境整治提升为切入口，深入实施"千万工程"，扎实推进农村垃圾、厕所、污水"三大革命"，出台《松阳县农村人居环境综合保洁经费补助标准》《松阳县历史文化村落保护利用项目及资金管理办法》《松阳县农村公厕服务大提升行动方案》等文件，建成省级高标准垃圾分类示范村 7 个，垃圾资源化利用站点 15 个，农村生活垃圾分类处理建制村覆盖面达 93%，建成农村公厕 575 座并规范化管护，农村生活污水治理实现应治尽治，建设省级历史文化（传统）村落 56 个。通过公园式美化、洁化、绿化乡村，打造一批美丽乡村精品线路，建成省级美丽乡村示范乡镇 5 个、示范村 15 个，新时代美丽乡村 102 个，美丽乡村风景线 5 条。

以乡村文化有效传承为切入口，坚持"活态保护、有机发展"理念，充分挖掘本地慈孝文化、客家文化、畲乡文化、红色革命文化、乡贤文化等文化元素，系统推进多元文化与乡村产业融合，复活"竹溪摆祭""平卿成人礼"等 60 余个民俗节会活动；开展"百名艺术家入驻松阳乡村"计划，已签约艺术家工作室 89 家，形成"永不落幕的民俗文化节、永不闭馆的生态（乡村）博物馆群、永不停歇的乡野运动场"三大文化品牌体系，成为浙西南文化传承展示的窗口。

以激发乡村内生动力为切入口，组建县、乡级田园强村公司作为经营乡村的重要平台和各类补助资金的蓄水池，田园强村公司、工商资本等主体入股参与运作，通过就业带动、保底分红、股份合作等形式，建立"资源经营权收购＋优先雇用""农民入股＋保底收益＋按股分红""农产品精深加工企业收购＋村集体种植基地产业链增值收益"等利益联结机制，成功打造"原乡上田""石仓工坊"等共建共享的乡村品牌，成为体制机制创新激活的典范。如三都乡上田村以"原乡上田"项目建设为抓手，积极探索乡村产业"共建、共治、共享"新模式，"原乡上田"民宿自 2019 年运营以来已接待游客 1.7 万人次，实现营业收入 113 余万元，67 户农户和村集体分别获得平台公司分配的保底收益 6.6 万元和 10 万元。

（二）营造"两山"转化的"大循环"

按照"活态保护、有机发展"的理念，利用"微改造"的绣花功夫，先后投入近 3 亿元用于传统村落保护利用、"拯救老屋"行动，组建并培训 30 支近千人的古建工匠队，让百余个古村和 200 余幢老屋重焕新生。以全国首个"拯救老屋"行动整县推进试点为契机，大力发展"古村落＋"新业态，目前已复活手工布鞋、麦秆扇等传统手工艺旅游产品 20 余个，打造了一批主客共享的新型乡村公共空间，并修建发展契约博物馆、红糖工坊、王景纪念馆等一批高水准乡村建筑，并先后 5 次亮相威尼斯建筑双年展等高等级国际展台。同时，在松阳老城历史文化街区、明清古街步行街培育业态多元、体验丰富的"夜间经济"，成立了国家非遗松阳高腔传承发展中心，实现非遗"每周剧场"不间断。2020 年，松阳成为丽水唯一创成国家全域旅游示范区的县，并入选省文化和旅游产业融合发展十佳县、省级文化传承生态保护区名单，近三年全县域旅游收入年均增幅达 44%，位居丽水市第一。

近三年，松阳全县农业增加值、农民收入和低收入农户年均增长率分别达到 3.1％、10.3％ 和 15.2％，增速位居全省前列。这些亮眼数字的背后，是松阳主动顺应文旅融合发展新趋势，对传统村落实施"微改造"，同时大力支持工商资本、优秀青年上山创业、发展产业所奋斗的成果。截至 2021 年末，松阳已经有 60％ 以上的山区村植入了生态农业、精品民宿、特色工坊等新业态，掀起"上山致富"新浪潮，如白老酒、油豆腐等生态产业工坊助推乡村振兴的做法，被国家推荐申报迪拜国际最佳范例奖。同时，松阳积极实施"民宿 +"发展战略，椰树民宿综合体、文里松阳等重大文旅项目成业成型，碧山国际、十里芳菲、绿乐园等品牌落户松阳，2021 年全县民宿（农家乐）达 474 家、床位 4387 张，全年营业总收入达 1.55 亿元。

图 5-3　四都乡西坑村云端觅境民宿

（三）步入山区共富的"大时代"

在数字经济蓬勃发展的大背景下，如何抓住共同富裕发展新机遇成为松阳需要持续探索的课题。探索实践线上线下新零售模式，大力推进松阳香茶、金枣柿、岱头大米等乡村优质农产品精准对接淘宝、京东、拼多多等电商平台，为"三农"发展赋能，松阳农村电商发展成为全国特色亮点。建成大木山智慧茶园等物联网示范基地 11 个，获"全国电子商务进农村综合示范县"金名片，连续 5 年被阿里研究院评为"中国电子商务发展百佳县"，平田村、云端觅境、陈家铺先锋书店、契约博物馆等精品点位成为"网红打卡地"，《麦香》《向阳而生》等以松阳为主要取景地之一的热播电视剧也持续推动松阳的知名度和旅游热度迅速提高。

2019 年，松阳 48 个行政村共投资 2510 万元入股余姚"飞地"项目，

图 5-4　茶园风光

搭建村银对接平台，实现村集体稳定增收，当年项目就实现收益 310.9 万元，全部已分配至各入股村。2020 年全县又推动 97 个村整合资金 5930 万元，投资入股嘉兴"飞地"项目，并在 6 月开工建设，预计项目建成营业后，各村每年可获得实际投资总额 10% 的稳定收益。

而松阳作为山区县，解决发展不平衡的另一针强心剂就是"大搬快聚富民安居"工程。创新推出落实搬迁安置、宅基地复垦、创业就业培训、"幸福社区"创建等政策，确保山区农户实现"搬得出、稳得住、富得起"，截至 2021 年末累计完成异地搬迁农户 11184 户 36847 人，搬迁农户户均年收入从搬迁前的 2.8 万元提高到 6.8 万元。

做强茶产业、激活古村落、提升组织化、推进异地搬迁、强化数字化赋能这五项举措，推动了叶子变票子、资源变资产、村民变股民、山民变

图 5-5 茶叶市场

市民、农货变网货五个转变。近五年全县低收入农户人均可支配收入年均增长 17.5%，增幅居全省、全市前列。为有效破解村集体经济"小散弱"问题，实施产业、旅游、租房、复垦、物业和光伏"六项消薄实招"，盘活农村集体"三资"，并创新推出村级工程"集体建"模式，推动村集体经济发展"提速换挡"，全县村集体总收入从 2017 年的 9754 万元增加至 2020 年的 1.55 亿元，年均增长近 20%。2020 年 7 月，时任省委副书记、省长袁家军来丽水调研时，专门点赞了松阳村级集体经济发展"六项实招"的主要做法。

四、典型意义

传统村落是中华文明的宝库，是我国农耕文明的精粹和中华民族的精神家园。作为丽水建制最早的县，得益于大自然的馈赠和历史的眷顾，松阳坐拥华东地区数量最多、风格最完整的传统村落群。近些年来，松阳以高度的历史自觉和文化自觉，像爱护自己的眼睛一样珍视传统村落，早在十年前，就开始探索传统村落的保护与发展工作。回首这一路，砥砺创新，艰难探索，付出了大量汗水和心血，也收获了喜悦和果实。

一是探索了一条实践路径。以传统村落的保护发展为突破口，按照"活态保护、有机发展"的理念，探索出了一条契合松阳实际、符合传统村落发展规律，得到国家部委和社会各界认可的传统村落保护发展路径，让松阳一座又一座古村落拂去历史的尘埃，以崭新面貌呈现在世人面前。

二是塑造了一批精品项目。坚持品质建设要求，积极引入优秀设计团队和工商资本，拓展老屋的活化利用方式，打响了"飞茑集""云端秘境"等一批在全国有影响力的精品项目，成为热门的网红打卡点，带动了乡村的生态产业发展。

三是凝聚了一种思想共识。通过传统村落的保护发展，乡村的风貌得到了有效保护，式微的乡土文化得以传承发展，乡村的生态产业愈加繁荣，人民群众的生活品质得到明显提升，人民群众对传统村落有了更强的价值认同和文化自信，越来越多的年轻人开始返回家乡，开启新时代的乡村生活。

四是展现了一种松阳魅力。传统村落的保护发展成为松阳的一大特色亮点，文化引领的乡村振兴故事走出国门，登上国际舞台，展现了松阳的魅力与风采，"最后的江南秘境""古典中国的县域标本""活着的清明上河图"等成为松阳的鲜明标识，"千年古县田园松阳"的知名度、美誉度显著提升。

辽宁·清原
QINGYUAN·LIAONING

　　清原满族自治县位于辽宁省东部山区，全县总面积 3932.96 平方千米，总人口 23.89 万人，有满、汉、蒙、回、朝鲜等 29 个民族。

　　清原是浑河、清河、柴河、柳河四大河流发源地，已建成水库55 座，担负着辽宁中部 7 个城市群工农业生产和人民生活用水，是辽宁省重要的水源涵养林和用材林生产基地，全国九大重点水源地之一。全县有林面积 366 万亩，森林覆盖率 73.8%。森林总蓄积量 2283 万立方米，林木年生长量 70 万立方米，年采伐量 22 万立方米。林下资源极为丰富，其中山野菜年自然生长量达 2 万多吨、野果 2.4 万吨、野生食用菌 5000 吨、野生编织植物 10 万吨；野生药材有龙胆草、山参、园参、鹿茸、林蛙、蝮蛇、五味子、刺五加、细辛、党参等近560 种，资源量达 17 万吨。全境内山峦叠嶂，景色宜人，旅游资源丰富。境内长白山余脉的滚马岭，已建成集观光、森林浴、滑雪为一体的省级浑河源头森林公园。红河风景区被人们誉为"东北小三峡"，游玩于山水之间，别具情趣。

　　近年来，围绕省委、省政府规划构建"一圈一带两区"区域发展格局，清原满族自治县依托良好的生态资源优势，把建设辽东绿色经济示范区作为贯彻落实新发展理念、推动高质量发展的重要抓手，大力发展绿色农业、清洁能源和生态旅游业，促进经济社会发展全面向绿色发展转型。2021 年，全县地区生产总值 64.35 亿元，增长 6.1%；一般公共预算收入 5.03 亿元，增长 7.7%。

辽宁
清原

生态立县绿水青山　数商赋能乡村振兴

辽宁省清原县农业农村局

近年来，清原满族自治县围绕省委、省政府规划构建"一圈一带两区"区域发展格局，依托良好的生态资源优势，把建设辽东绿色经济示范区作为贯彻落实新发展理念、推动高质量发展的重要抓手，坚持"生态立县"，坚持绿色生态就是清原最大优势、最大品牌，坚定不移走生态优先、绿色发展道路，持续壮大特色农业，持续推进生态旅游业，让"绿水青山"真正转变成"金山银山"。

一、背景起因

清原满族自治县，是清太祖努尔哈赤的兴起之地。全县林地保有量31.09 万公顷，森林覆盖率达到 71.56%，被誉为"辽东绿色明珠"。这里山巍有魂，水活有韵；这里历史悠久，底蕴厚重；这里民风淳朴，民族和睦。陆续获得国家级生态示范区、全国休闲农业及乡村旅游示范县、全国最美休闲度假旅游名县、中国深呼吸小城等多项荣誉，被誉为"绿色屏障""矿藏宝库""四河之源""天然药园"。

为使绝佳的生态优势真正成为清原县经济社会发展的动力源泉，清原县始终坚持习近平总书记"绿水青山就是金山银山"的发展理念，坚定不

图 6-1　峡谷航拍

移走"生态立县"发展之路，始终把"生态优先，绿色发展"作为县域经济发展的基本方针，持续做好生态文章，牢牢把握住数字经济时代电子商务的赋能作用，努力把生态优势转化为产业优势、经济优势、发展优势、民生优势。

　　作为全国电子商务进农村综合示范县，为搭建县乡村三级服务网络，突破物流、信息流瓶颈，解决农村买难、卖难问题，实现"网货下乡""农产品进城"的双向流通，清原县于 2017 年创建了清原电商小镇。2021 年，为了整体提升电商小镇运营服务质量，突出电商小镇返乡创业及农村电商孵化基地功能。清原县通过招投标，引入辽宁伙伴信息科技有限公司作为数字商务的技术支持企业，负责电商小镇的运营管理。

二、主要做法

（一）持续壮大特色产业

农业要振兴，特色产业是重点。2021 年以来，清原县委、县政府以乡村振兴战略为指引，持续做大做强中药材、食用菌、优质米、花卉苗木、山野菜五大特色绿色产业，用特色农业托起农民的致富梦想。一是加大产业结构调整力度。围绕五大特色产业，进一步加大产业结构调整力度，全县中药材发展面积达 75 万亩、食用菌达 6400 万箱段、优质米稳定

图 6-2　清原中药示范区

在 10 万亩、苗木花卉面积达 1.1 万亩、山野菜面积达 11.3 万亩。二是提高组织化程度。大力培育新型农业经营主体，规范发展合作社和家庭农场，全县发展各类农民专业合作社达到 646 家，家庭农场达到 166 家，其中国家级合作社 4 家、省级合作社 51 家、省级示范家庭农场 25 家。三是打造中药材产业带。在基地建设上重点实施"一县一业"中药材 U 型产业带建设，覆盖英额门、湾甸子、大苏河、敖家堡 4 个乡镇，总面积达 6 万亩，中药材年产量达到 3.4 万吨，产值 10.7 亿元，成为东北三省重要道地药材生产基地之一。四是延伸产业链条。培育引进深加工项目，延伸产业链条。发展农事企业 105 家，创建省级农产品加工龙头企业 2 家、市级龙头企业 10 家，培育森源食品、乐乐食品、广友中药材等一批以本地农产品资源为主的优秀加工企业，有效带动地方农业经济发展。投资 1.46 亿元的田润华食用菌深加工项目基本竣工，投产后年产食用菌 1000 万箱段，将成为东北最大的食用菌生产加工一体化基地。五是突出科技示范引领作用。"科技兴农"引入"智慧方舱"，助力特色绿色产业发展，研发推广引进各方面新品种，提供细致服务，坚持并注重科研成果转化，通过多渠道、多方法，做好引领和示范。

（二）持续推进生态旅游

坚持"培育特色景区，提升景点品质，完善基础设施，开发旅游线路"工作思路，全力构建冬夏两旺、四季有景的全域旅游格局，提升清原旅游的影响力、吸引力。一是"文化 + 旅游"。清原县以推动文化旅游产业项目高质量发展为目标，着力形成事业与产业相统筹、保护与开发相协调、融合与创新相结合、质量与效益相统一的文化旅游发展新局面。二是"乡村 + 旅游"。将发展乡村旅游产业作为城乡融合发展的重要举措，坚持生态环境共保共治、城乡融合全面发展，立足政府推动与市场引导相结合，深化项目带动，着力将南天门文化旅游风景区、长沙村特色村寨、沙河子满族民俗村寨等旅游景区"穿珠成串"，以点带面，形成特色生态"旅游套餐"，着力打造生态旅游"新名片"。此外，还推动云帽峰、官木山生态农场等旅游景点提质升级，做足乡村旅游发展新文章，不断壮大村集体经济，解决困难群众就近就地就业。三是"全域＋全季"。加快构建"全域＋全季"的旅游格局，形成以红河谷水上漂流、聚隆滑雪场冰雪运动、筐子沟红色旅游为核心，拉动沿途玉龙溪、南天门、枫桥夜泊等特色景区发展，形成夏季有漂流，冬季有滑雪，四季有石佛和乡村旅游的"一流旅游胜地"。四是"品牌＋特色"。着力培育特色文旅品牌，全面推进生态旅游业蓬勃发展。瞄准特色化、体验化、互动化新需求，推进"冰雪游""民俗游""红色游""枫叶游"等特色文旅品牌建设，发展康养、度假、体验

图6-3　红河谷水上漂流

等新业态。五是"互联网＋旅游"。构建"线下实地体验、线上平台销售、企业示范引领、农户全面参与、景点带动致富"产业发展新模式，围绕民俗、文化、旅游、农品、休闲等多个领域，利用电商直播的新方式打造全新业态。同时，增强旅游宣传实效性，通过推广智慧旅游服务平台，做好旅游活动策划推介，把游客引得来、留得住，提高生态旅游的综合效益。

（三）持续发展电子商务

发挥电子商务进农村示范县优势，择优选择电商企业，通过招投标，引入辽宁伙伴信息科技有限公司作为数字商务的技术支持企业，负责电商小镇的运营管理，大力发展"互联网＋"新产业、新业态。

辽宁伙伴信息科技有限公司进驻清原县后，通过实体的创业创新孵化

图 6-4　电子商务发展规划电商企业研讨会

基地"清原电商小镇"和线上双创服务平台"伙伴双创中心"双运营，以创建县域电商的"清原模式"为目标，补齐农村电商运营短板，提升电商公共服务水平，探索数字驱动农品上行，建立健全品牌培育与人才培养体系，促进产销对接，构建普惠共享、线上线下融合的长效机制，加快农村电商转型升级和提质增效，促进清原全县一二三产业融合发展，打造数字乡村，助力乡村振兴。一是升级清原电商顶层设计，规划全域电商发展体系。完成《清原县"十四五"电子商务发展规划》编制，建立清原县域商贸流通专家智库，协助出台相关扶持政策。二是升级电商直播基地，获得荣誉称号。完成电商直播基地升级，组织了"直播助农生态清原"等多场大型直播活动，成功入选"全省重点培育的县域电商直播基地"和"2021全国农村创业园区基地"。三是升级清原网货选品与标准化体系，建立农

图6-5　清原农产品拍摄

图 6-6　电商小镇培训教学

产品公共素材库。选出鹿制品、人参、灵芝、林蛙、大米、木耳、龙胆等为网货产品；完成县域公共品牌"朕本清原"设计；完成清原特产大礼包设计；完成挖掘与整理品牌故事工作；完成电视宣传片及系列短视频和微电影，并上传自媒体。四是升级清原县电子商务培训体系，加快电商人才培养。开展面向全县电子商务从业者、初创企业、农民代表、创业青年等群体的公益性和市场化相结合的电商理论及实操培训，提高农村群众电子商务应用技能，并有计划地培养一批电子商务专业人才。截至 2021 年末，培训人员 400 余人次。五是升级清原电商宣传模式，加大域外宣传力度。完成电商小镇的公众号、抖音、快手、微博、今日头条等自媒体平台的建设并运营，定期发布电商相关活动、辽宁省电商政策、电商技能培训、创业活动宣传等信息，截至 2021 年末，在各大媒体平台已发布 300 余篇电商宣传图文；制作宣传条幅 500 余条，宣传单或图册 30000 余份。

三、典型意义

乡村振兴，生态环境是关键。良好的生态环境是清原的最大优势和宝贵财富。以生态为底色，以旅游为平台，打造"生态、绿色"的自然优势，拓宽农民群众增收致富之路。

乡村振兴，特色产业是基础。要加快推动特色农业发展，就要先用技能培训充实农民的头脑，充分激发农业发展内生动力。因地制宜构建中药产业体系，为产业兴旺打好基础。

乡村振兴，数字商务是渠道。打造互联网尤其是数字商务高速路，综合现代农特产品的生产、开发、交易、物流等环节的特点，探索一二三产业融合，农旅、商旅、文旅"三旅结合"的休闲农业和数字乡村建设新模式。

贯彻数商赋能理念、守住绿水青山。用电商、直播等数字经济工具发展特色产业，一步一个脚印，让清原的绿水青山成为老百姓的金山银山，为清原的农业变强、农村变美、农民变富插上乡村振兴的翅膀。

安徽 · 颍东

YINGDONG · ANHUI

颍东区是全国文明城市阜阳市的市辖三区之一，因位于颍河以东而得名，面积 685 平方千米，人口 67 万。近年来，颍东经济社会呈现出持续健康发展的良好态势，民生和社会事业不断改善，先后获评"全国绿化模范区""全国法治县创建先进单位""全国农业产业化示范区""安徽省文明城区""安徽省平安区""安徽省卫生城市"等荣誉称号。

历史悠久。史前即为人类活动区域，是中原农耕文明的策源地，岳家湖新石器时代遗址，距今 4500—5000 年；三国军事家徐庶、晋朝"竹林七贤"之一的刘伶、元末红巾军领袖刘福通在此留下许多佳话和传说。皖北地区唯一保存完整、具有江南风格的古建筑群程文炳宅院，明朝开国皇帝朱元璋为僧修行的千年古刹北照寺也坐落于此。

区位优越。阜阳火车站坐落于颍东主城区，6 条铁路呈"米"字形在此交汇，年客流量近千万人次。颍河、茨淮新河穿境而过，可通航 3000 吨级船舶。济广高速公路在颍东设置 2 个出入口。阜蚌路、阜展路、阜口路三条省道横向贯穿。距阜阳机场、高铁阜阳西站 25 分钟车程。

资源丰富。地上人多，常年外出务工人员超过 16 万，阜阳职业技术学校位于颍东经济开发区，在校学生近万人。地里粮多，是国家重要的"粮、棉、油、肉"生产基地，农业部认证的绿色食品原料（小麦）基地 26 万亩。地下煤多，已探明储量 15 亿吨，年产 800 万吨的口孜东矿坐落境内；安徽阜阳颍东化工园区是阜阳市重点打造的千亿级新兴产业基地。

机遇凸显。乘借加快新阶段皖北全面振兴、建设高质量现代化"一极四区"的发展东风，颍东进入了战略叠加、优势凸显的机遇窗口期，面临重大战略叠加覆盖、政策效应加速释放、产业链供应链调整重构、市场潜力集中迸发、新型城镇化加速推进等历史机遇，正处于乘势而上、加速追赶的重要阶段。

安徽
颍东

推动"小特产"向"大产业"转型升级

安徽省阜阳市颍东区乡村振兴局

"产业兴旺是解决农村一切问题的前提。"产业发展是乡村振兴战略的首要任务，做大做强产业才能为乡村振兴赋能长远，为巩固脱贫成果提供强力支撑与保障。2021 年以来，颍东区加大农业产业政策扶持力度，大力实施"1232+N"现代农业振兴工程，打造鲜食番茄、红薯产业集群，培育优势主导产业全产业链，不断推动特色农业发展。

一、培育产业发展领头雁

大力实施"1232+N"乡村振兴产业工程，即争创一个国家农村产业融合发展示范园区，围绕番茄、红薯两个农业单品，实施品种、品质、品牌"三品"工程，建设瓦大番茄技术、装备研发中心和区域红薯品种研发、试验、加工、销售中心，在全区范围打造产业核心示范基地和若干个生产供应基地，打造特色农产品优势乡镇，努力把支柱产业做大、把产品做响、把企业做优。瓦大集团是一家专注现代农业产业发展和乡村振兴实施的农业产业化省级重点龙头企业及高新技术企业，瓦大公司实施总部经济战略，形成了"立足阜阳、依托长三角、布局全国、走向国际"的产业发展布局，目前在全省拥有 5 个标准化蔬菜生产基地，占地总面积 2000

图 7-1　工人采摘下成熟的番茄

多亩，颍东占其中 3 个，还有 1 个基地正在建设，主要种植番茄，所生产的"瓦大 1 号"产品直销长三角区域城市。瓦大"番茄谷"项目带动颍东区 28 个村集体经济配股分红 70 万元，带动当地农民务工 1520 人次，现有长期务工人员 36 人，人均年收入增加 2 万多元。2021 年 6 月，1593 公司落地颍东区盈田工业园，项目总投资约 1.7 亿元，占地 136 亩，建筑面积约 7.6 万平方米，包括 1 万吨规模的高温愈合糖化专用仓、储存冷库以及 1 万平方米的清洗打包车间，当年签订 600 亩订单种植红薯，亩均保底收入 4000 余元，净受益比传统农作物多 1000 余元，2022 年种植 2.1 万亩红薯，规划三年时间在颍东形成 5 万亩左右的产业集群雏形，五年进入良性可持续发展的产业。项目全部达产后，在政府的配套政策引导下可发展带动全市 20 万亩优质红薯种植，带动 400 个以上的自然村，促进农民亩

图 7-2　工人们在收获红薯

产最低创收 4200 元 / 季，预计实现地头销售产值 8 亿元以上，带动上下游产值在 20 亿元以上。

二、打造一乡一业新样板

颖东区因地制宜发展"一乡一业、一村一品"，进一步完善全产业链支持措施。一是落实产业规划。颖东区强化产业支撑，精准落实《颖东区推进乡村振兴战略产业发展三年规划（2019—2021 年)》，大力发展专用品牌粮食、蔬菜、食用菌、花卉、生猪等优势特色种植业、规模健康养殖业，围绕"强龙头、建基地、创品牌、拓业态、促升级"，着力打造"五链一体"现代生态农业产业化体系，实现百亿粮仓向国人厨房跨越。二是加强品牌引领。颍东区坚持以产业基地为依托，以新型农业经营主体为引领，围绕优质蔬菜、名特畜禽、水产品等高效优势农业产业，打造一批特色明显、附加值高、主导产业突出、农民增收效果显著的特色产业，逐步形成杨楼孜镇黑皮冬瓜、口孜芦蒿、大蒜、老庙西兰花、泥鳅、冉庙瓜蒌等优势特色产业。三是强化基地带动。加强产业基地建设，引导本地新型农业经营主体、种植大户进驻，构建"贫困户参与、基地带动"的市场化产业格局，带动群众发展精品特色产业。2021年新建特色产业基地48个，累计培育、建设特色产业基地232个。通过发展产业、务工就业、资金入股、土地入股、订单等方式带动2756户脱贫户稳定增收。

三、实施惠农奖补促增收

继续开展特色种养殖项目奖补政策和新型经营主体奖补政策。鼓励脱贫群众、新型经营主体发展适度规模经营。一是强化顶层设计。出台了《颍东区扶持优势农业产业发展助推脱贫攻坚成果与乡村振兴有效衔接实施办法（试行）》《颍东区巩固脱贫攻坚成果推动特色种养业持续发展实施办法（试行）》等支持产业发展政策，增加脱贫户和监测户经营性收入，构建稳定脱贫长效机制。二是实行分段奖补。按照"一户一策、长短结合"原则，在全省率先推行特色种养业发展分段奖补，第一次奖补种养规模，第二次奖补种养效益，极大地提高了脱贫户及"二类户"发展产业的积极性和主动性。2021年以来，颍东区对全区到村到户增收惠农政策进行再梳理、再归纳，形成了3大项、14类供脱贫贫困户及"二类户"自主选择的特色种养业"菜单"，截至2021年末，5057户脱贫户及"二类户"发展特色种养业。三是增加要素保障。坚持高起点、高标准发展设施农业，着力加强基础设施建设，为农户配套修建了水、电、路、滴灌等基

图 7-3　枣庄镇刘庄村蔬菜大棚

础设施；按照政府引导、政策支持、市场运作、农民自愿的原则，探索保险支持农业发展的支撑路径，防范化解产业发展带来的潜在风险。

四、强化科技支撑提动能

不断强化农业科技创新的引领作用，运用科研成果为现代农业提供支撑，引领农业高质量发展。一是加强政策支持。制订印发了《科技创新驱动乡村振兴发展实施方案》《关于加强农业科技社会化服务体系建设的实施意见》等文件，通过发挥科技引领和支撑作用，推动农业升级、农村进步、农民发展。二是加强农村科技特派员。引导科技、信息、人才、管理等先进生产要素向农村基层、农业一线集聚，健全农业农村科技服务体系，培育壮大新型农业经营和服务主体，增强农业产业竞争力，进一步发挥科技特派员在推动乡村振兴发展中的作用。2021 年以来，颍东区选派科技特派员 34 名，实现特派员对全区涉农行政村实现服务全覆盖。三是加强产学研合作。加强农业关键技术研发，牢牢掌握自主可控的核心技术。通过加强与大院大所产学研合作，在种子研发、示范栽培等方面加强合作交流，促进科技成果转化，促进农业生产与农产品加工提质增效，进一步提升农业品牌效应和品质。如瓦大公司立足以鲜食番茄的研发、种植与销售为主导产业，引进新技术、新装备和新品种，以科技创新为核心突破口，依托瓦大"菜小二"品牌，积极融入长三角一体化发展，近两年来企业总产值平均增幅 30% 以上，2020 年实现销售收入 2.3 亿元，产销率达 95% 以上，创利 667 万元，成为长三角重要和知名的绿色番茄蔬菜供应基地。

五、培养新型农民育人才

按照"政府主导、多方参与、产业引领、精准培育"的工作原则，坚持"定位在乡村、联系到农户、产业带动强、利益联结紧"，进一步完善农村产业带头人培育机制以及与小农户利益联结机制。一是做好技能培训。根据群众的需求和产业规划要求，采取"分段式、重实训、参与式"培训方式，搞好新型农民培训。2021 年以来，培育新型职业农民 200 人，经营管理型人员 100 人，技能服务型人员 100 人。坚持"四有"标准，遴选农村产业带头人 113 名，积极组织全区农业产业发展带头人进行室内和外出考察学习培训，全面提升产业带头人能力。二是强化基地带动。依托本地产业园区和基地，大力推行"政府 + 基地 + 农户"的运营模式，广泛吸纳群众到基地务工，引导产业带头人通过一定形式稳固联结农户组建新型经营主体，带动产业发展和农民增收。三是办好职业教育。实施"校园＋田园"培养模式，坚持把职校办到园区、基地，借助"校园"打基础、学技术，利用"田园"用知识、练技能，构建了职前教育职后培育人才链，有针对性地培养实用型人才，努力培育一大批"爱农业、懂技术、善经营"的新型职业农民。

六、开展消费帮扶助振兴

组织动员社会各界力量，通过线上线下多渠道、多形式推进消费帮扶，加强扶贫产品认定和管理，进一步加快颍东乡村振兴产业发展，不断拓宽群众增收渠道。一是多渠道推进消费帮扶。加大政府采购农副产品力度，组织动员各类民营企业采取集中采购、组织展销、产品专卖等形式，促进扶贫产品销售。积极搭建与重点消费地区的交流合作、产销对接平台，多形式发出消费帮扶倡议，动员社会力量共同参与消费帮扶行动。继续深入开展"百企帮百村"消费帮扶行动，面向全区采购相关扶贫产品和服务。二是多举措打通消费帮扶"瓶颈"。继续开展颍东农产品进机关高校、进企业、进园区、进社区、进商超、进电商、进电视、进深加工等产销对接"八进"行动。充分发挥电商扶贫平台作用，推动扶贫产品线上销售，积极拓宽扶贫产品线上销售渠道，不断拓展网络帮扶功能，大力发展农村电子商务。组织农产品生产、加工企业参加区内外农交会、农贸会、展销会等，集中推介、展示、销售特色优势农产品；在超市商场、农贸市场、集中居民小区等经营场所和公共场所醒目位置，开设扶贫产品和其他农产品销售公益专区、专柜，助推消费帮扶。三是多方面提升农产品质量和水平。加快农产品标准化生产基地建设。支持鼓励龙头企业、新型农业经营主体采取"农户＋合作社＋企业"等模式，大力发展订单农业，提高农产品供给的规模化、组织化水平，增强农产品持续供给能力。切实规

图 7-4　前进村扶贫车间

范扶贫产品认定和管理。严格按照扶贫产品认定程序，持续开展颍东区扶贫产品认定申请工作，全面提升农产品质量水平，打响颍东区扶贫产品品牌。

消费扶贫工作开展以来，颍东区已有 138 家企业申请认定扶贫产品 357 个，均通过国家审核公示，100 家企业 102 个产品通过国家审核已入驻扶贫 832 平台。布置智能专柜 48 台，开设专区 10 个，企业馆 9 个，建设地方馆 6 个。扶贫产品累计实现销售额 4.79 亿元，其中 2021 年销售额 3.16 亿元。

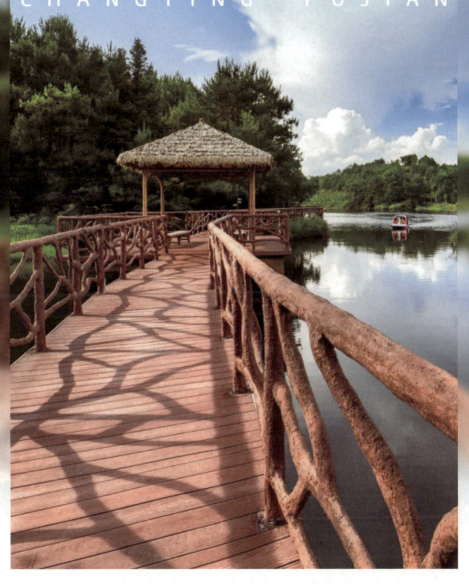

福建 · 长汀
CHANGTING · FUJIAN

长汀古称"汀州",简称"汀",地处福建西部,武夷山脉南麓,南与广东近邻,西与江西接壤,是闽粤赣三省边陲要冲。全县辖18个乡(镇)300个村(居),总人口55万,土地面积3104.16平方千米,是典型的"八山一水一分田"山区县,属福建省第五大县。

长汀历史悠久、底蕴深厚,是久负盛名的国家历史文化名城;文化厚重、璀璨多姿,是享誉中外的世界客家首府;是星火燎原、红旗不倒、光耀神州的著名革命老区、原中央苏区,红军故乡和红军长征主要出发地之一;是全国生态文明建设示范县和"两山"理论实践创新基地,是宜居宜业宜游的生态家园。

近年来,长汀县坚持以习近平新时代中国特色社会主义思想为指导,按照党中央决策部署和省委、市委工作要求,以实施"提高效率、提升效能、提增效益"行动和项目化推进工作落实机制为抓手,全力做好"六稳"工作,全面落实"六保"任务,统筹抓好"五促一保一防一控",全力创建全国文明城市,全方位推进高质量发展超越,脚踏实地、创先争优,着力建设生态优美、文化繁荣、百姓富裕的闽西活力副中心,经济社会发展各项工作取得较好成效。

福建
长汀

积极践行习近平生态文明思想
全力打造全域生态旅游新样板

福建省长汀县县委乡村振兴办公室

　　古云："先有三洲，后有汀州"，三洲村位于福建省长汀县，汇聚着自唐宋元明清以来 50 余处五朝文物和建筑古迹。全村共 1421 户 4668 人，区域面积 9.8 平方千米，耕地面积 2104 亩，林地面积 7739 亩，以种植业为主，主要种植水稻、杨梅、槟榔芋等农特产品。近年来，三洲村先后获得"中国历史文化名村""中国传统村落""省级生态村""省级生态文化

图 8-1　历史文化名村：三洲村

村""闽西最美古村落"等荣誉称号；三洲镇被评为"2020 年福建全域生态旅游小镇"。

一、背景起因

习近平总书记在福建任省长期间高度重视长汀水土流失治理工作，对长汀水土流失治理工作作出了多次批示，同时将长汀水土流失治理工作列入全省为民办实事项目，并曾多次来长汀实地调研。在习近平总书记的关心支持下，三洲人民发扬"滴水穿石，人一我十"的精神，在荒山上种植了 1 万多亩的杨梅，曾经热浪滚烫的"火焰山"变成了"花果山"，同时三洲也因为种植杨梅走出了一条开发性水土流失治理的路子，成为闻名遐迩的海西杨梅之乡。

2004 年 6 月 10 日，县政协主席童大炎代表县委县政府将杨梅送到浙江省委大院，请时任浙江省委书记习近平分享治理水土流失带来的丰硕成果，在收到长汀人民送去的杨梅后，当天即回信，他说道："你县几年全力开展水土流失综合治理并取得了较好的生态、经济和社会效益，我感到由衷的高兴，1983 年按照项南老书记的要求，长汀开始对水土流失问题进行治理，这几年加大了治理力度，经过多年的努力长汀的面貌发生了很大的变化，希望你们再接再厉，以全面根治为目标，切实把这一项工程抓实抓紧抓好，把长汀建设成山清水秀的生态县。"这封信言简意赅，热情洋溢，对长汀水土流失治理工作的成果做出了肯定，并充满了殷切的期望，对长汀人民既是鼓励又是鞭策。

自大力实施乡村振兴战略以来，三洲村两委以打造省级乡村振兴示范村、龙岩市首批乡村旅游试点村为契机，带领全体村民认真贯彻习近平生态文明思想，积极践行"绿水青山就是金山银山"生态文明理念，牢记

图 8-2　水土流失治理后的三洲村一景

习近平总书记"进则全胜、不进则退"的深情嘱托，全力打造全域生态旅游新样板，积极探索水土流失治理和乡村振兴有效衔接路径，持之以恒推进水土流失精准治理深层治理，在水土流失治理、产业发展和群众生活改善等方面发生巨大变化。坚持巩固拓展水土流失治理成果与乡村振兴有效衔接，深度融入全县乡村振兴一县一片区重点打造的"红旗跃过汀江·两山实践走廊"跨村联建示范片建设，用好用活生态文化、历史文化等资源，走出了一条党建引领、生态优先、绿色发展的三洲乡村振兴发展之路，全力打造"景秀、村美、民富、众乐"全域生态旅游高质量发展样板村。

二、主要做法

（一）坚持党建引领，打造硬核支部

村子富不富，关键看支部。三洲村的变化，根本在于全村干部群众齐心协力、团结奋斗，关键在于有一个好支部，凝聚起全村人的奋斗目标和精神动力。

党的十八大以来，三洲村党支部带领全村人民深入学习习近平新时代中国特色社会主义思想，深刻领会实施乡村振兴战略的实质要义，以民为本、结合实际、创新模式，着力打造全村 3A 级景区，紧紧将"3 色"即红色、绿色、古色融合在一起，赓续红色血脉，发展绿色产业，做好古色传承。同时，不断创新"党建品牌"这个传家宝，通过成立党建书屋、评选优秀共产党员等方式，不断发挥党支部桥头堡垒和党员先锋模范作用，切实和"两治一拆"等中心工作结合起来，通过包片包户等方式，充分发挥党员的效能。积极探索"党支部＋旅游运营公司"模式，坚持党建引领，打通绿水青山和金山银山的转化通道，以文化促振兴，带领全体村民增收致富，走出一条致富新路径。

2021 年 10 月，三洲村党组织班子换届，选举产生了"政治素质过硬、群众信得过、工作能力强"的党组织班子干部，通过建强一支骨干队伍，打造一个硬核党支部，以坚强的党支部带领村民全力推进乡村振兴战略各项工作。此轮村党支部换届选举，通过微信公众号、党员村民微信群等，广发"招贤令"，动员致富能手、外出务工经商返乡人员、大学毕业生、退役军人等回乡竞选，实现外引内联，共选举产生 5 名村党支部委员，平均年龄 40.4 岁，中专高中以上学历委员有 4 名。其中 3 名为新任村党支部委员，村支部整体学历、年龄结构得到优化升级，确实做到选人导向准、班子结构优。同时，坚持把推进乡村振兴作为党员干部教育培训的重要内容。自新的村党组织班子选举产生以来，已开展乡村振兴专题外出学习 5 次，开展专题理论学习 10 余次，全面提升了党员干部实施乡村振兴工作的能力水平。

（二）治理水土流失，实现绿富共赢

三洲村深入贯彻习近平总书记对长汀水土流失治理和生态建设两次作出的重要指示批示精神，立足实际，始终坚持生态文明理念，紧抓乡村振兴与水土流失治理工作有效衔接的契机，全力突破流失斑块治理、土壤综合整治、马尾松林优化改造等水土流失重点难点工作，采取植树种草增加植被、低效林改造、种果种茶改良植被等措施，全力防范新增水土流失区，守护好全村的绿水青山。一是引进浙江客商成立省重点企业丰盈美丽生态农场。流转荒山种植水果面积 3200 多亩，培育种植品种达 30 余个，仅用半年之余，增植油茶、美国葡萄柚、红美人等珍稀水果 1400 亩。拓展杨梅、河田鸡、油茶等农副产品深加工业务，提供农产品销售、运输及生产经营有关技术和信息服务，为本村村民提供大量务工机会，为村民在治理荒山的

图 8-3　"红美人"橘子

同时，带来了可观的经济收入，被列为长汀县茶果园水土流失精准治理深层治理项目示范点。二是创建省级示范社——森晟苗木专业合作社。种植苗木 500 余亩，种植品种 12 类 36 种 110 万株。多措并举，把昔日的"火焰山"建成了如今的"花果山"，初步探索出了一条"火焰荒山—绿水青山—苗果满山—金山银山"的有效转化路径，实现了三洲全村生态效益和经济效益的有机结合。三是引导本地人民创业致富。如本村村民"断臂铁人"兰林金在当时水土流失治理如火如荼时，靠着坚强的意志和不服输的劲头成功改造了千亩荒山。因为土地山拙地瘦，再加上肢体残疾，很多人劝他放弃，他不但都没有听从，而且成立了养猪场，创新性的采取"猪—沼—果"种养模式，取得了巨大的成功。2018 年以来，新华社、《人民日报》、《福建日报》、福建电视台、中国残疾人联合会等媒体争相报道他的情况，这是长汀水土流失治理取得巨大成功的又一生动典型案例，鼓励带动了更多当地人参与到这项为民富民的事业中。

（三）聚焦产业兴旺，做好特色文章

三洲产业兴旺、发展良好、经济效益高。现在的三洲村正全力做好产业发展"四篇文章"。一是做好三洲自己的"品牌"文章。2018 年以来先后投入 510 余万元打造杨梅基地，成为海西杨梅连片种植面积最大地区，品种类别从单一品种向多品种转变，采摘期由原来的 15 天提升至 40 天，2021 年杨梅产业产值突破 3000 万元，实现了治理水土流失和发展杨梅产业的双赢，"三洲杨梅"品牌得到重塑、取得生态效益和经济效益双丰收。二是做好三洲特有的"旅游"文章。先后制定了荒山绿化、基础设施配套、亮化安防工程、产业布局、美丽乡村建设等发展规划，按照"一古二环三园"（即一个古村落；环村景观大道、环村汀江河道；国家级湿地公园、沙滩公园、丰盈采摘园）的生态旅游产业发展思路，致力按 3A 级景区标准

图 8-4　三洲村油菜花种植基地

打造古村落旅游精品路线。已完成景区停车场、旅游生态公厕、游客服务中心及展览馆、百亩花海、瓜果廊道、池塘栈道项目建设，正在实施迎景路提升、沙滩公园业态提升、环境整治及亮化等项目，旅游基础设施逐步完善。三是做好三洲文化的"传承"文章。开展古村落内重要历史遗存重建或修缮，实施乡村振兴战略以来，全村已完成 17 栋古民居、历史建筑立面维修改造，整理三洲 60 多栋民居、家风家训、近千年的名人民俗类历史文化故事，开发智慧旅游系统 APP，借助移动互联网等先进技术注入景区人文灵魂，"古进贤乡"文化影响力、感染力不断提升。四是做好三洲村企合作的"发展"文章。打造"公司＋村集体经济合作社＋基地＋农户"的现代特色农业产业链，由村集体成立专业合作社，与"福建供销e家"公司达成战略合作，由合作社统一在村内流转村民土地，"福建供销 e 家"根据市场需求策划生成产业发展具体项目,同时为产品提供保底收购服务,以此实现村集体与村民的双增收。截至 2021 年末,三洲村已流转土地面积 110 亩,现代农业经营体系加快形成,油菜、火龙果、槟榔芋等种植规模不断扩大,规格品质不断提升,采摘旅游业逐渐兴起。

(四)注重旅游规划,打造全域生态旅游新样板

三洲村充分利用汀江及南山河环镇而过的天然河滩、天然湿地以及水土流失治理成功经验等资源优势,积极争取上级资金 9000 余万元,新建汀江国家湿地公园一座,占地总面积 590.9 公顷,其中湿地面积 466.8 公顷,占总面积的 79%。争取上级资金 2000 万元,打造全县第一个以生态亲水为主题的沙滩公园。沙滩公园沿汀江全长约 900 米,宽度 20—50 米,总面积约 35000 平方米。三洲国家湿地公园是福建省第四个国家湿地公园

图 8-5　湿地公园

和唯一一个河滩湿地类湿地公园，被定位为"客家母亲河——汀江生态修复典范""南方丘陵水土流失地区生态建设新模式""中亚热带典型河流湿地保护典范"。成为集汀江特有鱼种保护和生态环境恢复于一体，生态环境恢复良好、物种多样性丰富、景区形象突出、景观特色鲜明、基础设施完善、风景优美的国家湿地公园和国家 3A 级旅游景区。并纳入"一古两环三园"，形成可看、可玩、可吃的一体化旅游线，为当地村民提质增收的同时，也促进了三洲的基础设施发展。

（五）突出治理重点，实现人与自然和谐共生

一是坚持以治"污"为重点。大力实施农村"厕所革命"。在三格化粪池普及率达 100% 的基础上，按照"因地制宜、便利耐用、惠民实用"原则，累计拆除旱厕 20 座，新建公厕 3 座，全面改善村居基础卫生条件。加强中小河流域水质环境治理力度，通过开展河道乱采乱挖清理整治工作、加大生活污水处理、开展畜禽养殖业污染治理等一系列整治措施，提升水质生态环境，确保流域水质优良。二是坚持以治"脏"为重点。大力实施农村垃圾治理行动，严格按照清理粪便堆、垃圾堆、柴草堆有关"三清"要求，全面清除生活垃圾、建筑垃圾、农业垃圾和非正规垃圾堆放点，由雪品集团统一处理。开展农村垃圾集中清扫整治行动，全面清理村内塘沟、农户房前屋后、村内巷道以及汀江岸道垃圾，确保村庄干净整洁。三是坚持以治"破"为重点。大力实施农房整治行动，积极开展"空心房"拆除和裸房立面整治工作。通过对照整治要求、细化整治内容、明确整治范围、严格整治标准、跟踪督查考核，截至 2021 年末，三洲村已整治裸房 134 处，面积 20680 平方米。拆除空心房 52 栋，面积 3755 平方米。四是坚持以治"乱"为重点。大力实施村容村貌提升行动，以"五无一美"为整治要点。保持"两违"整治高压态势，开展船头帽市场规范化整治

80 余次。通过"治污""治脏""治破""治乱"四治共为，优化村庄环境，推进村容村貌再上新台阶。

三、成效反响

1.百姓获得感幸福感持续增强。自实施乡村振兴战略以来，三洲村农村人居环境质量显著提升，人民生活水平明显提升，营造了良好的社会风气。让百姓望得见山、看得见水、记得住乡愁，实现了百姓美好生活的向往。几年来在群众幸福感、满意率测评中，三洲均名列前茅。

2.乡村旅游产业得到长足发展。通过打造"一古二环三园"的生态旅游产业带，发展特色产业（一产）15 家。依托杨梅、油茶、豆腐等本地资源，发展杨梅酒、杨梅汁、杨梅干等杨梅系列产品和茶油、豆腐干等加工企业 10 家，实现一产连接二产。鼓励民众围绕精品旅游路线发展餐饮、民宿等旅游业态 10 家，丰富旅游要素，推动一二三产业融合发展。实现三洲镇生态文化旅游产业高质量发展，2021 年新增游客 10 万余人次，新增旅游产业收入 100 余万元。

3.村级内生动力得到充分激发。进一步盘活了资源、资产、资金，成立全民共有的村集体企业公司；由村两委牵头，加大村集体林地、耕地流转力度，引进有实力的企业发展生态产业，拓展村财来源、增加村财收入。2021 年实现村集体经营性收入 10 万元、村集体经营性收入较上年增长 20%。增强内生动力，改变村集体等靠要思想。

4.村民收入水平得到显著提高。持续向服务业转移劳动力，吸引外出村民返乡创业引导村民由传统农业转向现代采摘农业及旅游、餐饮、住宿等第三产业。持续提升杨梅产业，壮大"三洲杨梅"品牌。持续打造提升古村落 3A 级、湿地公园 4A 级景区，"串点连线"实施 17 千米汀江、南

图 8-6　三洲村古村落一角：南门

山河沿线连通工程，在原生态汀江景观资源沿线，全域布局农旅融合节点业态，畅通观光游线循环。既打造家门口的景区，又实现家门口的增收，2021 年农村居民可支配收入高于全县平均水平 15%，实现"绿水青山"与"金山银山"的有效转换。

四、经验启示

三洲村取得目前的成绩主要得益于以下几个方面。

1. 发挥党组织引领作用。深入贯彻"党建引领、多元开发、群众参与"的乡村振兴工作思路，选好用好管好农村基层党组织，健全和完善了乡村治理体系，提高乡村治理能力。2021 年新增一名省级派驻第一书记，加强对全村乡村振兴工作的全程推进和统筹协调。创建党员"三级担使命、四岗践初心"工作机制，依照年龄结构和自身优势，将全村 112 名党员分成老中青三级设立先锋岗、带动岗、服务岗、承诺岗等四个岗位，带领群众积极参与乡村振兴。

2. 坚持科学规划编制。充分依托整体格局呈现出山环水抱之势，利用好农田与建筑的过渡与衔接自然的优势，挖掘本土资源，因地制宜，做好空间规划编制，写好生态林、果林、湿地、产业经济、古村落等文章，提升总体生态价值，推动农文旅融合发展。

3. 注重凝聚社会力量。建立健全村级后备干部库、村级精英库、知名企业家库，将优秀青年、致富能人、外来投资办企业人员等逐一纳入人员库，汇聚推动发展的强大合力。实施人才"回引计划"，三洲村累计回引各类人才 20 余人。通过流转土地 20 亩吸引在外致富能人回乡创建百亩现代休闲农业示范园、湿地湾生态农庄，有效带动周边农户和村集体增收。

福建 · 永定
YONGDING · FUJIAN

合砂红色小镇

土地革命摇篮

福建
永定

　　龙岩市永定区地处福建西南部，位于闽粤赣交界处，东临漳州、厦门，西南接广东梅州。2015 年 2 月撤县设区，区域总面积 2226 平方千米，下辖 1 个街道、17 个镇、6 个乡，282 个村（居），常住人口约 32.6 万。永定是"交通要道"，是福建对接粤港澳大湾区的"桥头堡"；永定是"红色摇篮"，著名革命老区，有开国将军 16 人，被誉为"红旗不倒之乡"；永定是"客家故里"，客家人重要的聚居地和集散地之一，是全国重点对台工作县、全国重点侨乡和海峡两岸交流基地；永定是"烤烟之乡"，有 400 多年的种烟历史，永定烤烟曾作为贡品进献皇帝，被誉为"烟魁"；永定是"南方矿区"，已探明矿产资源 42 种，是福建省主要产煤区、水泥生产基地和石材主产区；永定是"旅游胜地"，东部世遗土楼、西部秀美龙湖、北部中央红色交通线构建形成"东楼西湖北线"全域旅游格局。全区有 5A、4A 级景区各 1 个，3A 级景区 11 个，国家水利风景区、国家森林公园各 1 个，被评为中国旅游百强县、首批国家全域旅游创建示范区、中国传统建筑文化旅游目的地、省级旅游度假区。

　　2021 年实现地区生产总值 312.1 亿元，比增 8.2%，增速居全市第三位；城乡居民人均可支配收入分别达到 46098.8 元、23745.5 元，比增 8.4% 和 12.7%。

用好用活红色资源　绘就乡村治理美丽画卷

福建省龙岩市永定区委乡村振兴办

金砂小镇变通途，物换星移似画图。红旅道路四方出，人民幸福载歌舞。近年来，永定区金砂乡西田村党员干部充分发扬"干革命走前头，搞生产争上游"的苏区传统作风，抢抓"国家支持革命老区建设、省级乡村振兴试点村建设和城区拓展"三大机遇，牢牢把握"转型发展、跨越发展"主题，充分发挥"红色、生态、附城"三大优势，通过激活"神经末梢"、突出"共建共管"、注入"源头活水"等系列举措，全村环境不断改善，"城市后花园"已经完成系列"蝶变"，展露"新颜"。

一、背景起因

西田村位于永定城西 6 千米处，是金砂乡政府驻地所在，东邻西溪乡，南连五坑村、下金村，西接卓坑村，北靠赤竹村，森林覆盖率 75%，是省级生态村，下辖 4 个自然村 316 户 1188 人。2020 年，西田村被定为福建省省级乡村治理示范村，农民人均可支配收入约 1.87 万元，村集体经济收入达 461669 元。

习近平总书记在河南考察时指出："依托丰富的红色文化资源和绿色生态资源发展乡村旅游，搞活了农村经济，是振兴乡村的好做法。"金砂乡西田村红色历史文化底蕴深厚，是著名革命老区村、土地革命的摇篮、"红色交通线"大站和"永定暴动"的策源地，红色资源丰富，现存有福建省第一支红军部队成立及溪南区苏维埃政府成立旧址永定暴动遗址——金谷寺，永定县委成立旧址金砂公学，兵工厂旧址邹公庙以及洋田平民夜校旧址，原全国人大常委会副委员长、最高人民检察院检察长张鼎丞故居等6处革命旧址及中国现代十大少年英雄之一张锦辉烈士纪念园等爱国主义教育基地。基层党委在抓党建、促发展的基础上，大力发扬红色传统、传承红色基因、深入挖掘和保护红色资源、发挥红色资源优势，助力金砂乡村振兴。

二、主要做法

（一）激活"神经末梢"，让基层组织强起来

西田村扎实推进"党建+"，为特色小镇夯实制度基础、凝聚创新动力、营造文化氛围，让"红色引擎"助力小镇发展。

一是夯基固本创品牌。从全面从严治党、强化政治建设、压实主体责任、提升工作重点、夯实党建基础出发，扎实推进基层党建工作，强化乡村治理，将龙岩市人才引进、村主干储备人才、致富能人等优秀人才吸收进党组织，创建"红土讲解员"党建品牌，带动一批优秀党员传唱金砂红色故事。

二是建立机制抓落实。建立健全党委统一领导、政府负责、农村工作部门统筹协调的领导体制。落实"五级书记抓乡村振兴"的工作要求，乡镇一级形成以镇党委书记为乡村振兴工作第一责任人，镇分管负责同志具体负责，农村工作部门抓落实的工作制度。

图 9-1 金砂西田村诚信菜摊

三是党建联盟带致富。大力实施"村企联盟振兴乡村"筑基工程，深化农村党建改革，稳妥有序推进党组织按产业、区域联建共建。由项目所在村与区红旅公司结成党建联盟，通过"公司＋党支部＋农户"的模式，村里流转土地租赁给红旅公司，联合开发红色研学、乡村旅游等项目，凝聚乡村振兴整体合力，不断壮大村级集体经济，带动群众增收致富。

四是志愿服务聚合力。开展党员联系农户、党员户挂牌、承诺践诺、志愿服务等活动，推动党员在基层治理发挥带头示范作用，调动广大党员及群众的积极性、主动性，自觉投身到乡村治理中来。让党员发挥作用，服务群众有作为。

五是诚信菜摊扬民风。已经延续 20 年的诚信菜摊声名远扬，无需卖菜人看守，不用称重量，也不用买卖双方讨价还价，人们自觉按照标价取菜付钱，以本土独有的"诚信菜摊"诚信文化引导和带动村民积极向上向善，这既是金砂特有的一种乡土文化现象，也是一道恪守诚信的亮丽风景线。

（二）搭建"数字化平台"，让党建效率提起来

一是建设西田村数字化党建和村务公开平台。在福州大学派驻村书记

的牵头下，根据农村基层党支部工作实际，积极搭建西田村数字化党建和村务公开平台，打破传统时空限制，方便党员灵活地参加组织活动，提高党建工作效率和服务群众水平，扩大基层党建工作影响力和实效性，使基层党建工作保持实时在线。

二是建设西田村信息化网络平台。依托龙岩市农信社微信小程序"福农驿站"，方便全体村民线上获取村内的有关信息，以"科技赋能＋普惠金融"的新模式，为提升乡村治理水平、助力乡村振兴增添新动能。截至2021年末，"福农驿站"已注册村民人数达362人，占常住人口的92%。

三是完善"网格信息化"治理。基于平台应用构建网格治理体系，不断推进"网格＋疫情防控""网格＋综合执法""网格＋便民服务"等内容。2021年全村8名网格员共计走访1900余次，及时消除各类隐患100多处，调处矛盾纠纷60多件，精准摸排常住人口556人并收集核酸采集码，建立常住人口新冠病毒核酸检测台账，实现"小事不出片、大事不出村"的网格精细化治理。

（三）突出"共建共管"，让村容村貌靓起来

一方面，持续健全基层治理体系。深入推进"三治融合"基层治理体系，有效提升基层社会治理水平。

一是建章立制促自治。探索完善《村民自治章程》、"四议两公开一监督"（"四议"即涉及村发展和村民切身利益的重大事项，要经村党支部会提议、"两委"会商议、党员大会审议后，提交村民会议或村民代表会议讨论作出决定；"两公开"即实行村级重大事务决议内容公开和实施结果公开；"一监督"即村重大事项的决议和决议实施全过程要自觉接受党员、村民的监督）等组织管理制度，大力实施村级事务阳光工程，用好掌上"E"公开平台，着力实现党务村务财务"三公开"常态化制度化规范化。

及时更新完善村规民约，创新协商议事形式和活动载体，提高乡村自治水平。全面推行积分制管理模式，实施"道德储蓄银行""6+X"（6 指"遵纪守法、村容村貌、移风易俗、保护生态、文明家风、社会公益"；"X"是必评事项外的其他评比事项）评议模式，年终积分兑换实物的模式深入推进乡村治理。

二是专项斗争强法治。深挖"共和国法制的摇篮"资源，将社会治安综合治理工作的重要内容写入村规民约，深入推进平安乡村建设，形成"小事不出村、大事不出乡、矛盾不上交"的工作格局，持续开展扫黑除恶专项斗争，提升乡村法治水平。

三是敦风化俗弘德治。组织开展党员联系农户、党员户挂牌、承诺践诺、设岗定责、志愿服务等活动，推动党员在基层治理发挥带头示范作用，带动群众全面参与。挖掘西田红色、客家、诚信、家教家风、政德文化等独特资源禀赋，组建村民议事会、红白理事会等民间组织，引导农村党员带头破除孝道式微、高价彩礼、厚葬薄养等陋习。

另一方面，凝心聚力助升生态颜值。大力实施村庄净化、绿化、美化、亮化、文化，加强乡村公共空间和庭院环境整治，凸显乡村韵味，彰显乡村价值。

一是强化责任凝共识。建立健全"门前三包""卫生片区包干"等机制，与村民签订《门前三包责任书》，清除陈年垃圾，绿化、亮化村庄，通过典型带动村民自觉践行新时代文明新风，让村民自觉投入到农村环境卫生的治理中来，实现村容村貌共管共治，如今的西田村，清新整洁，溪水清澈，房前屋后、小溪旁处处是花香，成为"网红"打卡地，吸引着一拨拨的游客到西田研学、旅游、观光。

二是设施建设补短板。与永定区红旅公司共同开展"美化、硬化、亮化"工程建设，完成西田主街沿街两面立面改造 4.3 万平方米，累计治理

图 9-2　金砂西田村集镇改造后（俯视图）

空心房 31 栋 5055.43 平方米、治理裸房 41 栋 1.36 万平方米、整治旱厕 9
座 149.93 平方米、拆除违法建筑 8 栋 2869.27 平方米，修建村内竹篱笆围
栏 17.8 千米，完成村内道路(含中心小学至金谷寺)"白改黑"8200 平方米，
安装路灯 47 盏，集中开展村庄清洁行动 87 次，累计投入人工 2568 人次。

　　三是示范带动造氛围。通过"两治一拆"整治，落实"七带头"措
施（发挥乡镇政府乡镇直单位所在地、村部、党员、干部、乡贤、人大代
表、政协委员及其家属的带头作用），充分发挥先锋模范作用，带头整治
裸房、拆除空心房，做到村庄"七清楚"（扫清楚、拆清楚、分清楚、摆
清楚、粉清楚、围清楚、种清楚），以实际行动带动村民群众，在全村形
成统一认识和良好工作氛围，同时借助新时代文明实践所、红白理事会等
阵地，宣讲好移风易俗、殡葬改革等政策知识，引导村民革除陈规陋习、
倡导勤俭节约。

（四）注入"源头活水"，让乡村产业兴起来

一是选准产业把方向。金砂乡西田村把红色作为发展的支点和引擎，在保护红色遗址过程中，推进红色文化与地方文化、生态文化融合发展，引导推动红色文化反哺百姓。当地群众通过开发红色旅游商品、建立红色主题民宿、推广红色文化美食、发展红色产业链，既增加了经济收入，又提高了村民精神生活水平。

二是政策引领促党建。为充分发挥党建引领作用，确保地区产业发展"走得快、走得好、走得稳"，西田村积极探索党建新模式，充分利用《永定区加快红色教育文化教育产业发展八条政策措施（试行）》的政策优势，整合村内红色资源，大力实施"村企联盟、振兴乡村"筑基工程。

图 9-3 中央红色交通线纪念馆

三是多元投资旺人气。西田村与永定区红旅公司（国企）结成党建联盟，通过"公司＋党支部＋农户"的模式，形成政府搭台、企业唱戏的形式，由村里流转土地、闲置资产等租赁或入股红旅公司，联合开发红色研学、乡村旅游、观光农业等项目，连片打造集旅游餐饮、农业休闲、爱国主义教育为一体的红色小镇。2021 年，共接待研学、旅游人数 13.2 万人次，吸引在外青年返乡创业，开办民宿、农家乐、便利店、土特产、文创等商店 48 家。

三、成效反响

一是党的领导更有力。西田村信息化平台的建设运行，首要特点是把加强党的领导贯穿全过程。全村所有村民小组均实现了党的工作全覆盖，真正把党组织建到了党员身边、群众家门口。通过建强筑牢基层党组织这个战斗堡垒，进一步强化了党的领导，撬动村内方方面面的资源，积极引领发动群众组建村民自治委员会，完善自治机制，做好自家门口卫生清扫等公共管理服务，形成了推动基层社会治理的强大合力，党群干群关系更加密切，各级党组织的凝聚力、战斗力进一步提升。

二是基层治理更有效。"积分银行＋志愿服务"是适应新形势下基层社会治理的一种新模式，通过自愿参加服务、鼓励担当作为，汇聚群众力量，在优化高效便捷的政务环境、竞争有序的市场环境、公平公正的法治环境、开放包容的人文环境、宜居宜业的生态环境等方面发挥了重要作用。在 2020 年度、2021 年度先后被评为"全区先进基层党组织""乡风文明先进村""省级文明村""省级乡村治理示范村"。

三是群众获得感更显著。西田村的信息化平台建设、基层治理及志愿服务是以人民为中心发展思想的生动实践，在解决老百姓关心的问题方面发挥了巨大作用，真心实意为群众办实事，尽最大可能维护好群众的利益，贴近群众需求，让群众在参与过程中有获得感、幸福感，有力推动了乡村振兴的发展。

山东
青岛

　　海青镇位于青岛西海岸新区西南端，因历史上建有东连"海州"（今连云港）西接"青州"的驿站而得名"海青"，全镇面积 102 平方千米，总人口 4.3 万，茶园面积 3.5 万亩，年产干茶 260 万斤、产值 3.6 亿元，被誉为中国名茶之乡，"竹风茶韵、北域江南"特色鲜明。

　　"北茶之源"活力迸发。得益于"南茶北引、南竹北移"战略，海青镇建有全省第一座茶厂，建成全国最大抹茶生产基地、全省品种最多的茶种质资源圃。打造国家级无公害茶园基地 6 处，发展茶叶专业村 43 个，茶企 200 多家，注册 40 多个茶叶商标。"海青茶"获国家农产品地理标志认证，入选《全国名特优新农产品名录》，《北纬 36 度茶山村》在中央电视台专题报道。

　　"茶旅新城"起势发力。依托区位、资源和产业优势，聚力推进"茶旅、文旅、农旅"融合发展，筑新城、亮品牌，"茶旅新城"面貌日新月异。建成全省产业链最全、业态最丰富的综合性茶旅商街，开设全省首家抹茶学院。擦亮"北域江南、茶韵小镇"全域旅游品牌，举办美丽乡村游、海小青音乐啤酒季、千名学子商街游等茶旅活动，2021 年接待人数超 40 万人。

　　"农业强镇"全面建成。聚焦大农业发展格局，创建市级以上示范家庭农场、专业合作社 16 家，其中国家级 2 家。培育做大现代渔业产业园、中仓智慧农业园、农高产业园、彩色土豆产业园等 50 余个现代农业项目。"�上大米""唐村西红柿"等特色农业品牌全面起势。引进 KOL 创意产业园，点亮电商销售新经济，特色农产品年销售额突破 3000 万元。

创新推进"三融三强三美"
奋力打造乡村振兴新高地

山东省青岛西海岸新区海青镇人民政府

　　乡村的资源禀赋不同、发展水平各异，推动乡村振兴不能搞齐步走，必须把握乡村的差异性，立足实际，选准路径，走好因地制宜的乡村振兴之路，打造各具特色的"富春山居图"。青岛西海岸新区海青镇是"南茶北引"落地繁衍的地标镇，拥有"北茶之源"的美誉。近年来，该镇立足茶的优势，做好茶的文章，发展茶叶产业，打造茶韵小镇，趟出了一条全产业链发展茶产业、进而推动乡村振兴的新路子。"海青茶"通过国家农

图 10-1　海青镇北茶商街

产品地理标志登记认定，入选全国名特优新农产品目录。海青镇被授予中国名茶之乡、全国最具特色魅力小镇、全国一村一品示范镇、全国休闲农业与乡村旅游示范点、山东省乡村振兴十百千示范镇、青岛市农业产业强镇、2021 年度区域特色美丽茶乡、乡村振兴突出贡献单位等荣誉称号。

一、背景起因

海青镇位于青岛西海岸新区最西南端，南接日照东港区，北靠潍坊诸城市，西邻日照五莲县，地处青岛、日照、潍坊中心地带。镇域面积 102 平方千米，10 个新村、64 个网格，是 20 世纪 50 年代山东省实施"南茶北引、南竹北移"战略最早的地区之一。茶叶产业是海青镇最具基础优势、最具富民效益的特色产业，山东省第一座茶厂建在海青，有茶园面积约 3.5 万亩，年干茶产量 260 万斤，产值 3 亿多元。为此，该镇以资源为基础、以产业为核心、以市场为导向，主攻自身最有基础、最有优势、最有潜力的茶叶产业，以独特的产业衍生产品链、提升价值链，推动产、城、文、旅、人的和谐共融，实现了强镇兴村富民的新跨越。

二、主要做法

（一）三产融合强活力，推进生产美

乡村振兴，产业是支撑和根基。海青镇立足壮大茶产业，精准论证施策，下足绣花功夫，千方百计引进工商资本，通过市场力量补链延链拓链。

补链，让一产规模化。优化农业布局，推动土地规模经营，加快打造

图 10-2　海青镇茶山

一批标准高、规模大、品种优的精品茶园，争取用 3 到 5 年时间，茶园面积突破 5 万亩。积极推广中茶 108、金萱、金观音等茶叶新品种，加快打造一批标准高、规模大、品种优的精品茶园。青岛茶叶投资公司与山东农业大学合作，建设山东省最大的茶种质资源圃。引进中国北方茶树种苗科技孵化中心，由南京农业大学和青岛北茶科技公司投资建设，推动海青茶向高科技、高品质、高附加值发展，研发的优良品种北茶 36 被国家农业农村部予以品种登记，为青岛首例。截至 2021 年末，全镇已有国家级示范合作社 1 家，省级产业化龙头企业、省级示范社、省级家庭农场 9 家。

延链，让二产集约化。聚焦茶产业链延伸、价值链提升、供应链贯通，大力推动茶叶深加工，促进茶产业集约化、精细化发展。引进鸿雨抹茶项目，建设全省首家抹茶产业园、北方抹茶学院，购进日本抹茶设备100 台，为全国规模之最。《山东抹茶》团体标准专家评审会在海青镇举办，制定发布了全国首个省级抹茶标准。启动运营年产 50 万斤的北茶工坊生产线，打造茶叶工业化生产矩阵，成功创建省级茶叶特色加工基地。引入乐茶科技项目，创新"杯中藏茶"的方式，加工生产杯茶，打造大众茶快销系列产品及茶衍生品。大力支持华忆茶叶与国风药业、明月海藻合作，开发茶保健、茶化妆等功能型产品。深度开发网红"海小青"品牌系列茶饮和餐饮产品，火爆畅销青岛国际啤酒节。

拓链，让三产特色化。组织茶企参加茶博会等茶叶展会，参与各类评比，在茶马古道"斗茶大赛"中 5 家茶企获得金奖。成功承办了新区首届茶产业职业技能大赛、第十三届"国际名茶评比"大赛。央视财经频道栏目组走进海青镇茶园进行现场直播；借助央视大剧《温暖的味道》以及普法电影《红纸鹤》穿插的海青茶元素，谋划更多品牌推介活动，让海青茶品牌在省内外红起来、火起来。在青岛奥帆基地区域设立茶叶品牌展示区，设立西区阳光大厦、东区城市传媒广场、市南区等地 4 家茶旅融合店，打响海青茶品牌，打造北茶产业强镇。

（二）产城融合强特色，增创生活美

坚持以产促城、以城兴产、产城融合，加快镇驻地开发建设，建设产业振兴示范区，让驻地经济更具活力，让城镇更富魅力。

规划引领绘蓝图。围绕打造"北域江南"茶韵小镇，谋划"一核两轴三区"产城融合、组团发展的思路。"一核"即城镇建设核心区，打造商旅文化康养新城。依托"山、水、茶、竹"的资源优势，全力打造乡村田园综合体，形成了田园乡野竹海林涛与小镇"黑瓦白墙，飞檐翘角"建筑风格相映成趣的景致，成就了"竹风茶韵，静雅海青"的独特魅力。"两轴"即沿 334、220 省道轴向展开，打造贯通全镇的"产业轴带"。"三区"即打造北部茶山禅茶康养区、西南部现代农业产业区、东南部鱼米生态区

图 10-3　小镇一角

三个产业集聚区。

资本力量建新城。与西海岸新区黄岛发展集团达成战略合作，规划建设 4 平方千米的集文旅商住于一体的海青新城。建成面积 5 万平方米的北茶商街，聚焦研发、加工、展销、体验以及茶衍生品等全产业链，集聚了北茶工坊、青岛茶旅综合体、鸿雨抹茶、山东柴烧文化博物馆等 16 家科研机构和产业项目。创新建设海小青市集、农耕博物馆、知乡游乐场，栽植"杏韵大道"景观林，实施亮化景观等综合配套工程，全力打造山东省面积最大、产业链最全、业态最丰富的综合性特色茶街，努力将海青建设成为中国北方知名茶旅小镇、文旅小镇和网红小镇。

完善设施增活力。加快建设各类公共设施，建成运营海青驿酒店、茶文化中心、旅游咨询中心、文旅车站、以茶会友广场等设施。成功举办首届"海小青音乐啤酒季"，吸引游客 20 万人次，带动餐饮、住宿、商业等销售额达 1300 万元，是新区乡镇级啤酒季美食节中持续时间最长、引流数量最多、影响范围最大的一场节会，人气火爆、好评如潮，效果远超预期，实现了经济效益和社会效益双丰收。同时，先后策划举办了第二届新区美丽乡村游、千名学子商街研学等文旅活动 30 余次，邀请苏州评弹、京韵大鼓、杨氏相声等团队演出 65 场次，场场满座。同时策划开展了主题党日、乡村骑行、团队联建等特色活动 25 次，让小镇人气商气日益汇聚。镇驻地面积扩大了一倍，镇驻地常住人口达 5500 余人，商贸服务、休闲旅游日益繁荣，沿街门头房租赁价格倍增，茶韵小镇活力十足、魅力彰显。

（三）文旅融合强品质，提升生态美

生态是乡村的本底和优势所在。海青坚持以茶为本，放大生态元素，

图 10—4　爱美民宿项目

推动农业、生态、文化、旅游融合发展，精心策划旅游线路，培育发展休闲农业、乡村旅游、生态康养、民宿度假等新业态，创建"北域江南、茶韵小镇"旅游品牌，打造全域旅游度假目的地。

叫响茶品牌。围绕打响茶品牌，先后策划推出"北茶商街开街仪式""首届海小青音乐啤酒季""海上生明月·团圆·欢聚"庆中秋、"我心向党礼赞祖国"庆国庆、"全民饮茶日·唐风宋韵茶礼海青"、中国五莲·海青山海情 24 小时暨首届茶山自行车赛、全国摄影比赛等系列活动，推动海青茶成为上合组织国家电影节唯一指定用茶，入选全国名特优新农产品目录，获评青岛知名农产品区域公用品牌。央视财经频道《第一时间》栏目组走进海青镇茶园进行了现场直播；西海岸新区首部百集大型电视剧《茶乡花正开》在海青镇拍摄；在西海岸新区拍摄的影视大剧《温暖的味道》，全面植入海青茶，在更高层面、更广范围扩大茶品牌影响力。

图 10-5 "海上升明月·团圆·欢聚"庆中秋活动

做大茶景区。加快建设投资 15 亿元、占地 2000 亩的北茶文化博览园，在获评国家 3A 级景区基础上，瞄准创建国内一流以茶为主题的高端休闲文旅综合体。全力推动青岛—日照一体化发展项目，与日照携手打造山海风情绿道，成功举办 2021 年山地马拉松系列赛事。整合全镇 30 余家休闲观光园、20 余个乡村旅游示范点、特色村，引进"KOL 创意产业园"，打造龙跃山庄"慢姑娘"特色民宿轰趴馆，策划"潍坊—海青—日照""青岛—海青—日照"旅游线路，打造"北域江南、茶韵小镇"文旅品牌。与中国旅行社青岛公司以及潍坊、日照相关旅行社达成合作，2021 年以来，游客突破 40 万人次。

做美茶乡村。坚持成方连片打造美丽乡村，以 3A 级景区标准将北部茶山建设成集茶叶生产、乡村旅游于一体的美丽乡村全域旅游观光园。探索"美丽乡村＋茶旅游"新模式，启动蔡东村、后河东村等一批民宿项目，全面提升休闲农业和乡村旅游点，逐步形成"北茶乡居·臧家庄""北茶田园·徐家尧""北茶工坊·东蔡家"等系列品牌。截至 2021 年末，该区域流转土地近 3000 亩，集聚了青岛茶投、华忆茶业等 10 余个项目，建成后将成为海青茶乡旅游的高光地带。茶漫海青获评西海岸新区十大美景。茶山田园综合体获评青岛市级田园综合体。

三、成效反响

（一）小镇强了

通过发展，镇域经济发展的后劲更足了，人口、资本、商气、产业加速聚集发展，基础设施更加完善，城镇承载力得到提升，新增建筑体量达 12 万平方米，新拓驻地规模近 1 平方千米，商贸服务、休闲旅游日益繁荣，沿街门头房租赁价格翻番增长；世界摄影大赛等活动均在海青设立分会场，商贸服务、休闲旅游日益繁荣，小镇活力、魅力更足，初步构建了独具特色的新型产业空间、就业空间、居住空间、文化精神空间。

（二）村庄兴了

家门口就业岗位不足，年富力强劳动力"蹲不住"，纷纷外出务工，农民老龄化、农村空心化严重，是之前的普遍状况。随着全产业链发展茶产业，生产要素集聚程度越来越大。一方面，大量产业项目在家门口落地，村庄集体经济实力不断壮大，外出人员回流达 3000 人，实现了由原先的"抛家舍业"向"安居乐业"转变；另一方面，茶旅融合发展，美丽乡村、田园综合体的建设，乡村旅游蓬勃发展，涌现出大量的农家乐、休闲农庄，村庄自身发展的内生动力和活力得到释放。后河东、后河西村分别获评全国、全省美丽宜居村庄。

图 10-6　海青镇甜水河畔

（三）百姓富了

产业大发展带动群众收入大增长，农民的生产生活方式不断改善，当地居民鼓起了"钱袋子"。村庄发展内生动力不断增强。2021年全镇居民储蓄存款余额较年初净增1.6亿元，户均增收1.2万元。今年茶鲜叶收购价格是去年同期的2倍，管理好的茶园亩均收入达3—4万元。比如，茶农徐晓光通过扩大种茶、制茶规模，一年纯收入达20多万元，收入较之前实现翻番增长，住上了新楼房，开上了新车，更多的获得感和幸福感油然而生。

四、经验启示

小茶叶做成了大产业，艰辛付出的背后，留下了许多耐人寻味的启示，主要有以下几点。

（一）得益于对乡村振兴的准确把握

乡村振兴，产业是根基、是支撑。海青镇主攻自身最具基础、最具特色、最具富民效应的茶叶产业，以特色产业带动产城融合、文旅融合，推进了平台整合、要素集合、人气聚合、功能复合，促进了新动能的集聚壮大，为乡村振兴注入了强劲的生命力。

（二）得益于对区域发展的科学规划

海青镇按照"高点定位、总体规划、分步实施"的原则，聘请知名规划设计单位，科学编制镇域总体规划、产业发展等规划，强化规划严肃性和约束性，构建高度融合的规划体系，一张蓝图绘到底，规划出产业活力、乡村魅力。

（三）得益于对产业发展的因势利导

立足高质量发展，选准茶叶作为乡村经济发展的切入点，以茶产业为着力点，融合文化、旅游等多种产业于一体，通过强链补链延链，形成连片成链、融合发展的蓬勃态势，趟出了一条全产业链发展茶业、推动农民增收致富的新路子。

（四）得益于对宗旨理念的有力践行

4.3 万海青人民既是发展的参与者，更是发展成果的受益者。始终把群众利益摆在首位，在思路谋划、方案制定、项目落实上，认真走群众路线，采取群众议政、专家论证等方式，听民声、集民意、汇民智，充分调动了群众共建幸福家园的积极性、主动性和创造性，取得了事半功倍的功效！

山东·安丘
ANQIU·SHANDONG

　　安丘市位于山东省潍坊市中部，面积 1712 平方千米，耕地面积 144.3 万亩，是一个拥有 84 万人口的县级市。安丘市人文荟萃，历史悠久，交通便捷，经济基础十分雄厚，以全省不足 1% 的人口和仅占全省 1.2% 的耕地面积，发展成为全国重要的出口农产品生产加工基地、出口食品农产品质量安全典型示范区。

　　安丘市作为一个农业大市，近年来实践形成了农产品质量安全"标准化生产、规范化管控、社会化服务、品牌化运营、融合化发展"五化模式，蔬菜年出口 80 万吨、出口额近 60 亿元，占潍坊市的 70%、全省的五分之一，被誉为"世界的菜篮子"，创造了以外向型农业为基础、"双循环"经济蓬勃发展的"安丘经验"。

　　安丘市多年来一直坚持"双招双引"政策，随时欢迎有识之士到安丘投资经营，干事创业，共创辉煌。相信忠诚谨信、奋发有为的美丽大安丘一定会成为一方投资兴业的热土，与您共同创造富裕发达的美好未来。

山东
安丘

以农业开放发展引领乡村产业振兴

山东省安丘市农业农村局

　　山东省安丘市立足农产品质量安全和农业开放发展优势，率先在全国推行农产品质量安全区域化管理，创新推行以"二维码追溯＋食用农产品合格证"为主要内容的产地准出监管机制，按照"一个标准、两个市场、以外促内、统筹发展"的要求，引导企业深耕国内市场、拓展国际市场，主动融入国内国际双循环的新发展格局，全市蔬菜年出口 80 万吨、出口额 60 亿元，占潍坊市的 70%、全省的 20% 以上，形成了以农业开发发展引领乡村产业振兴的新格局。

一、背景起因

　　近年来，山东省安丘市率先在全国探索实施农产品质量安全区域化管理，探索建立了"一套机制""八个体系""四道防线"，并实行最严厉的食用农产品"合格证＋二维码"追溯制度，严把"源头控制、过程监管、产地准出、市场准入"四道关口，加上"同质同标同线"等典型做法，用出口标准统筹国内外两个市场，擦亮了安丘安全优质农产品"金字招牌"。

　　随着社会经济的发展和生活质量的提高，国内外消费者对农产品的质量安全提出了更高的要求。特别是我国加入 WTO 之后，许多主要农产品进口国家和地区不断设置各种壁垒，企图掌握贸易主动权。仅从日本市场来看，2006 年 5 月"肯定列表"制度实施之后，对所有农业化学品残留制定了限量标准，涉及 302 种食品，799 种农业化学品，54782 个限量标准。与此同时，我国《农产品质量安全法》于 2006 年 11 月 1 日起施行，国家把农产品质量安全摆到了更加突出的位置。国内外对食品农产品的质量安全要求与土地分户经营、粗放式种养以及农药、化肥等农业化学投入品销售渠道杂乱、使用不规范的矛盾越来越突出。

安丘是农业大市，是全国蜜桃之乡、姜蒜之乡、草莓之乡、樱桃之乡和桑蚕之乡，年产优质农产品 460 多万吨，食品农产品加工出口特色明显。早在 20 世纪 80 年代中期，黄烟、花生等优质农副产品就远销日本、美国等市场。从 20 世纪 90 年代初开始，安丘市积极实施农业产业化发展战略，大力发展特色经济，催生了一大批外向型农业龙头企业。面对频频亮起的绿色壁垒红灯，让安丘农民日益感受到了国际市场的变幻莫测。农产品质量不稳定也导致出口市场起伏不定，让农民吃尽了苦头。

为有效应对农产品国际贸易"技术壁垒"，从根本上保证农产品质量安全，2007 年 6 月，安丘市由政府助力，企业引领，在全国率先推行农产品质量安全区域化管理，严把"源头控制、过程监管、产地准出、市场准入"四道关口，被原国家质检总局概括为农产品质量安全"安丘模式"，并在全国推广。2016 年，按照"一个标准、两个市场、以外促内、

图 11-1　安丘市石埠子镇樱桃

统筹发展"的要求，创新推行以"二维码追溯＋食用农产品合格证"为主要内容的产地准出监管机制，加快培育出口农产品国际竞争新优势，先后创建为省级出口农产品质量安全示范区、国家级出口农产品质量安全示范区、中韩共建国际食品安全示范区、国家级农业综合标准化优秀示范市，"安丘大姜""安丘大葱"入选中国首批受欧盟保护地理标志产品，安丘农业已步入高速发展的快车道。

二、主要做法

（一）坚持绿色导向、标准引领，擦亮优质安全"金招牌"

一是管源头。对农业投入品实行告知备案、连锁直营、联合执法"闭环管理"，保持严打违法违规行为的高压态势，实现投入无违禁。二是提标准。研究制定 6 大类 40 多个农业标准综合体，推广实施 33 个良好农业操作规范和 200 多项技术标准，逐步形成以国家行业标准为主体，与国际标准接轨的农业标准体系。积极申请国家食品质量安全认证以及 HACCP、日本 JAS、英国 BRC、德国 IFS 等国际认证，"安丘大姜""安丘大葱"纳入欧盟地理标志产品认证范围。三是抓准出。

图 11-2　安丘大葱

全面推行以"二维码追溯＋食用农产品合格证"为主要内容的农产品产地准出管理机制，提升市级食品农产品检验检测中心，对重点主体、重点品类全覆盖，实现产地准出与市场准入有效衔接。加强"双随机、一公开"检查，每年完成县级以上农产品抽检 8000 批次以上、合格率 99.9%，全力保障群众舌尖上的安全。四是树品牌。积极引导农业经营主体争创名牌商标、名优产品，"三品一标"农产品发展到 484 个，其中国家地理标志产品 8 个。聘请元一智库农研中心，提炼打造"安品味来"区域公用品牌，提升产业素质和品牌溢价能力。

（二）坚持放大优势、拓展市场，融入国内国际"双循环"

一方面，聚力精准服务，推动农产品"走出去"。2020 年、2021 年连

图 11-3　第二届山东（安丘）出口农产品博览会

续两年成功举办出口农产品博览会，打造出口农产品信息交流、市场对接、品牌推广的服务平台。做实政策服务，刚性落实各类减税降费政策，印发支持企业发展政策实施细则，及时兑现省"稳外贸稳外资 32 条"，为企业减免税费 1.3 亿元，切实降低企业运行成本。强化保障服务，制定财税支持、稳岗返还、就业社保补贴等 9 条硬核措施，派出"驻企联络员"，解读惠企政策、收集解决问题，解决用工 1.03 万人，办理续贷 31.6 亿元，增强企业发展内生动力。持续创新推行"乡村赋能"工程，累计开设村级店铺 1229 家，实现销售额 1.4 亿元，带动村集体增收 470 万元，村均增收 5500 元。

（三）坚持融合发展、丰富业态，提升乡村产业"竞争力"

一是强化园区支撑。加快推进总投资 120 亿元的安丘农谷产业园建设，引进农谷科技园、农谷物流园、农业技术研究院等配套服务机构，联结带动安丘大姜、大葱等一批特色产业基地，创建首批国家农村产业融合发展示范园。围绕强链延链补链，加快推进正大 360 万只蛋鸡、华尔兹禽全产业链等一批过 10 亿元大项目建设，提高产业融合发展水平。二是壮大经营主体。制定出台扶持培育新型经营主体发展的意见，突出村级组织牵头、专业大户带头、龙头企业带动、服务组织领办、特色产业衔接"五种模式"。三是优化社会服务。积极培育发展社会化服

图 11-4 望海山小米

务组织，带动发展规模经营。沃华农业科技公司建设现代化大葱育苗工厂，研发大葱全程机械化核心技术，育苗周期从 60 余天缩短至 45 天，通过自动化采收，降低 50% 的采收成本，实现了大葱种、管、收全程保姆式服务。

（四）坚持人才支撑、科技推动，加速现代农业"高端化"

一是加快科技创新增活力。强化农业科技理论研究，与山东省农科院联合成立乡村振兴研究院，联合政府、高校、企业共同搭建乡村振兴领域智库型平台。二是引进科技人才强智力。举办"战疫情促振兴——科学家与企业家牵手行动"，邀请 60 余名国家"万人计划"、泰山学者等专家人才来安丘与企业对接，签订合作协议 22 项，引进农业领域高端技术人才32 人。实施在外优秀人才"雁归兴安"工程，回引在外优秀人才返乡创业 37 人、回村任职 26 人。三是强化科技培训挖潜力。深入实施农民培育工程，设立潍坊职业农民学院安丘分院，遴选农民培训基地 3 处，培育科技示范户 800 余户。通过"潍坊职业培训网络平台""青桔创课"等线上培训平台，培训农村转移劳动者 1810 人次，为自主创业农民发放创业担保贷款 3576 万元，加快提升群众增收能力。

三、成效反响

（一）网格化监管建立健全

将全市划分为 14 个监管片区、103 个网格、860 个关键控制网点，聘任村级食品农产品质量安全协管员 1229 名，构建起市镇村三级联动的监管网络，筑牢了源头监管防线。全市上下打造放心农产品的意识和主动性空前增强，政府引领、部门协作、企业参与、社会协同的监管大格局正式形成并日常运作，对农产品质量安全的把控力度大大加强。

（二）外贸服务做优做强

设立安丘农谷国际贸易综合服务中心，提供原产地证书申签发放、电子口岸、海运订舱、进出口通关等"一站式"服务，免费为 160 家企业办理出口产品信用保险，年蔬菜出口 80 万吨、出口额近 60 亿元，占潍坊市的 70%、全省的 20% 以上。此举使得安丘多家农产品出口企业提能增效，产生了很好的帮扶和带动效果。

（三）合作组织发展壮大

打造国家、省、市、县级龙头企业梯队，发展潍坊市级以上农业龙头企业 137 家，建立农业专业合作社 3114 家、家庭农场 1285 家，年加工农产品 270 余万吨。鼓励和支持承包土地向新型经营主体流转，实现了分散

图 11-5　山东合力牧业生态园

种养殖向公司化、规模化、集约化转变。截至 2021 年末，全市共流转土地 74.41 万亩，土地流转率 68.97%。这项举措对整合和带动安丘众多"小而散"的农产品生产业户意义重大，农产品质量更有保障，生产业户利润更有保障，取得了多赢的社会效益。

（四）农业科技水平提升加强

加强与山东产业技术研究院战略合作，共建 2000 亩中国大姜产业现代化示范园区，打造国家"大姜产业技术创新中心"；建设智慧农业三产融合大数据中心，纳入系统检测、地块、价格、栽植、农户等数据 30 余万条，全面提升了农业智慧化水平。经过努力，安丘全市农业现代化水平持续提升，地方农业正向着"智慧、高效、安全"的方向阔步迈进。

四、典型意义

（一）建立健全了一套行之有效的质量标准

努力掌控住我们的农产品在国际上的话语权，建立起我们自己的农业安全标准和质量标准，在接轨国际的同时，适度引领相关领域标准在国内外的建立和运营，提高品牌知名度和溢价率。完善好农产品质量安全监管机制，增强农业生产过程管理、标准提升，放大比较优势、夯实产业基础，始终以过硬的质量打响国内外市场，服务国内外消费者。

（二）切实找准了一个格局全面的发展定位

聚焦发展外向农业，持续强化"同质同标同线"服务供给，引导企业统筹用好国内国际两个市场、两种资源，主动融入新发展格局，全面提高农业对外合作水平。

（三）培育壮大了一批融合发展的项目体系

注重突出抓好龙头项目、特色园区建设，加快构建现代农业产业体系、生产体系和经营体系，为农业农村现代化奠定坚实基础。通过每年不断地招商引资、招才引智，持续提升安丘农业发展的档次和水平，以标准化促进规模化，以规模化带动标准化，引领农业产业向品牌化发展。

（四）塑造形成了一支支撑产业的人才队伍

安丘围绕提升农业综合效益，把农业科技人才摆在更加突出位置，坚持外引内培、党建发力，引导更多的高素质人才走向农业产业领域的广阔天地，助力新产业、新业态、新模式发展，为全市现代农业发展提供了强有力的科技人才支撑。

湖南·汝城
RUCHENG·HUNAN

汝城位于湖南省东南部，汝城地处湘粤赣三省交界处，素有"鸡鸣三省，水注三江"之称。全县土地面积 2400.7 平方千米，总人口42.28 万人。"半条被子"的故事就发生在这里，是红军长征突破第二道封锁线所在地、湘南起义策源地，毛泽东、朱德、彭德怀、陈毅等老一辈无产阶级革命家在这里留下光辉足迹。有瑶、畲、苗、侗、回、满、壮、土家族等少数民族 35 个，少数民族人口 7.4 万人。汝城也是罗霄山连片扶贫开发县，全县脱贫人口 19568 户 62124 人，2019年 3 月脱贫摘帽。

全县有 4A 级旅游景区 3 个、3A 级旅游景区 6 个，红色、蓝色、绿色、古色四张名片扮靓了汝城。沙洲红，习近平总书记亲临考察让沙洲红遍全国、火遍全国，沙洲景区 2021 年接待游客 144.8 万人次。生态绿，森林覆盖率 74.1%，是国家重点生态功能区，被评为全国绿化模范县、国家生态文明建设示范区、国家园林县城。温泉蓝，"一城双泉"独具特色，热水温泉 98℃氡温泉，被誉为"华南第一泉"，暖水温泉是国内罕见的可以直接饮用温泉。文化古，自东晋穆帝升平二年（公元 358 年）置县，至今已有 1600 多年历史；理学鼻祖周敦颐在此著就《爱莲说》《太极图说》《拙赋》等千古名篇；保存完好的古祠堂有 317 座，被誉为中国古祠堂之乡。

习近平总书记考察以后，汝城牢记嘱托、感恩奋进，把巨大鼓舞转化为巨大动力，呈现出前所未有的喜人变化。全体居民收入从 2019年的 15263 元增长到 2021 年的 17756 元，年均增长 7.9%；农村居民收入从 2019 年的 10950 元增长到 2021 年的 13079 元，年均增长 9.3%。2021 年，全县实现地区生产总值 100 亿元；一般公共预算收入 8.62 亿元，地方财政收入 5.11 亿元。

湖南
汝城

半条被子映初心　红色沙洲绽新颜

湖南省汝城县乡村振兴局

　　沙洲瑶族村隶属湖南省郴州市汝城县文明瑶族乡，全村总面积 0.92 平方千米（1380 亩），辖 4 个村民小组，居住集中，总人口 142 户 542 人，贫困户 29 户 94 人。全村有 2 个党小组，23 名党员。在红色基因——"半条被子"精神的鼓舞鞭策下，沙洲瑶族村汉瑶干部与人民群众同心同向、众志成城，实现了边远山区到红色景区的美丽蝶变。

一、背景起因

　　2016 年 10 月 21 日，习近平总书记在纪念红军长征胜利 80 周年大会上深情讲述了三位女红军与徐解秀之间的"半条被子"故事。2020 年 9 月 16 日，在湖南考察的习近平总书记，首站就来到"半条被子"故事的发生地沙洲村。沙洲瑶族村以"半条被子"故事与精神为传家宝，聚焦"利用好红色资源、发扬好红色传统、传承好红色基因"三大主题，坚持党建引领、人民主体、三治融合、共建共享原则，打造了一张集党性教育与红色旅游为一体的湖南名片，成为了理想信念教育的新胜地、脱贫攻坚的新样板、乡村振兴的新典范。

二、主要做法

（一）坚持党建先行，政治引领强而有力

1.选优配强班子队伍。在 2021 年村两委换届中，沙洲村干部职数由 3 名增加到 5 名，将 2 名 35 岁以下的优秀年轻党员选拔进入支部班子，班子平均年龄下降到 44 岁，全部是高中以上学历，同时还安排一名选调生到村任职，班子结构更优，整体素质更强，干劲和战力都明显提升。接续选派驻村第一书记，市 6 家单位组成强力后盾，3 名经验丰富、能力出众的工作队成员，帮助沙洲画出乡村振兴好蓝图，助力沙洲乡村振兴走上快车道。2021 年 6 月 28 日，沙洲瑶族村党支部被中共中央授予"全国先进基层党组织"荣誉称号。

图 12-1　沙洲村部

2.扎实开展党建工作。党支部深入推进"五化"建设，认真落实"三会一课"制度，深化主题党日活动，创新开展由支部党员轮流在景区进行"半条被子"精神的微宣讲活动，获评为全国先进基层党组织。"不忘初心、牢记使命"主题教育开展有声有色、见实见效，主题教育党课登上央视《新闻联播》。沙洲村党史学习教育各项亮点工作和本土红色故事在中省市主流媒体和中省市县《党史学习教育简报》得到广泛推介。

3.广泛凝聚民族共识。立足民族村和"半条被子"故事发生地的实际，沙洲紧紧围绕"团结、进步、发展"这一主题，广泛开展宣传教育活动，认真贯彻党的民族宗教政策，大力弘扬党同人民风雨同舟、血脉相通、生死与共的"半条被子"精神。全村把谋求民族经济发展和社会进步作为践行"半条被子"精神、维护民族团结进步的头等大事，瑶汉干部群众一心向党、同心筑梦，打造了一个经济大发展、民生大改善、文化大繁荣、民族大团结的模范民族村，沙洲被评为"全国民族团结进步示范集体"。

（二）坚持农旅结合，产业发展提质增效

1."旅游＋"开发。依托红色文化、绿色生态、古色乡风三色资源，大力发展农旅经济。组织农家乐厨师培训班、乡村旅游培训班等"人人有技能"培训 11 期，覆盖全村 500 人次，引导村民种植特优水果 780 余亩，发展民宿、农家乐等配套产业 48 家，在景区就业做保洁员、讲解员、保安等 30 余人，做到"家家有产业、人人懂技术、户户能增收"。"90 后"奶茶店主朱晓英、直播带货网红黄芸、从事旅游单车出租和夜宵生意朱世伟等返乡创业青年，实现了在"家门口就业致富"，沙洲获评为"全国乡村旅游重点村""湖南省休闲农业聚集发展示范村"。

2."党建＋"振兴。通过"党支部＋合作社＋农户"的模式，建成了光伏发电厂、瑶族农家乐等村级企业，采取委托经营、提供就业、分红等模

图 12-2　"瑶家乐"农庄

式，每年从村集体经济中提取 6.8 万元作为帮扶资金，引导 45 名困难劳动力到合作社和公司务工，月平均工资达 2500 元以上；53 户村民通过土地流转入股，户均年增收 1000 元。2020 年底，沙洲瑶族村民人均可支配收入达到 15000 元，比 2014 年增加了 10644 元；村集体收入从 2014 年的几乎空白增长到 2020 年的 50 余万元。

　　3."可持续 +"发展。景区以红军长征为主题，以沙洲瑶族村为核心，整合红、绿、古三色资源，打造成沙洲核心景区、田园综合体两个组团，形成了四季果园采摘区、生态垂钓休闲区、田园生活体验区、红色传统教育区以及生态观光农业景观带等"四区一带"，成为集生态环境美、文化风情美、旅游服务美、产业发展美于一体的农旅结合典范，获得"国家

图 12-3　游客服务中心

4A 级景区""中国美丽休闲乡村"等殊荣。

（三）坚持学践统一，文明建设蔚然成风

1. 文明新风拂面来。充分挖掘"半条被子"精神的深刻内涵和力量，沙洲村群策群力修订完善村规民约实施细则。依托送戏下乡、专题讲座、农家书屋等方式，持续开展"德育工程"，树人立品，构建了沙洲村的"精神家园"。持续开展了"讲文明·树新风""大手拉小手·文明一起走"等活动，"景区服务之星""好媳妇好婆婆""最美家庭"等不断涌现，以身边人启发教育身边人。沙洲村新风缕缕，春风化雨，获得"全国文明村"殊荣。

2. 文明实践惠万家。组建了一支 50 余人的青年志愿服务队伍，实行群众点单、志愿做单。青年志愿者在政策宣讲、公益慈善、卫生健康、科技科普等主动作为、甘于奉献，把精准、便利、高效、多元化的志愿服务

送到家门。疫情期间，广大志愿者主动出击，发放防疫宣传资料5000份，参与值班值守和送物送药百余人次，捐物捐款达2万余元。村里建起了互助会，会员56名，捐钱捐物捐工，点点爱心，汇聚洪流，展现了邻里相帮、守望相助、情感相融景象。志愿花开处，芳香泽农家。

3.民主法治入人心。在宗祠、广场召开"民主夜谈会"，对村工程项目、征地拆迁等重大民生问题开展民主协商，征求意见，统一思想。大力加强法治阵地建设，建立"法治宣传栏""法律图书角""法律明白人""人民调解室"法律矩阵。健全"一村一法律顾问"机制，教育引导广大村民群众办事依法、遇事找法、解决问题用法、化解矛盾靠法，获评为"全国民主法治示范村"。

（四）坚持服务为民，干群关系日益紧密

1.改善人居环境。积极争取项目资金，完成了180栋民居的立面改造、保留了34栋特色古民居，新建了磐石公园、民俗广场、纪念广场、村民活动中心、养老休闲中心，高规格实施了景观提质改造、河道治理、雨污分流、电网改造、安全饮水、垃圾集中处理、防灾预警设施安置等工程，人居环境大为改善，村容村貌焕然一新。

2.提升服务水平。新建配有"群众接待室""为民服务中心""图书阅览室""党员活动室"等功能齐全的村级服务平台，落实"一件事一次办"改革，推行马上办、网上办、上门代办、预约办、指导办"五办模式"，实现"一门式"办理、"一站式"办结。截至2021年末，为群众办理事项1100余件，群众满意度达100%。

3.保障和谐稳定。建立村治安队、巡逻队，积极发展壮大村组人民调解员、信息员队伍，在全村主要干道、路口安装监控，建立起立体治安防控网络。抓实人民调解工作，及时排查和妥善化解各类村民矛盾纠纷，基

本实现小事不出组、大事不出村，连续多年无民事纠纷引发刑事案件，无民间纠纷引起治安案件和群体性上访事件。全村治安稳定，民族团结和谐，百姓安居乐业。

（五）坚持红色引领，经济社会全面发展

1.构筑红色基地。以"半条被子"故事为主线，深入挖掘了红军长征途中在汝城发生的历史故事，综合运用历史资料，生动翔实地展现了红色汝城各族英烈的光荣历史，诠释了什么是军民鱼水情，通过雕塑、书画、遗物、声像和遗物展现等形式，供游客缅怀瞻仰、学习研究。"半条被子的温暖"专题陈列馆相继入选第三批全国关心下一代党史国史教育基地、全国妇女爱国主义教育基地、全国爱国主义教育示范基地、全国青少年教育基地等十多个教育基地或教学点，成为各地党员干部群众初心使命教育的理想之地，广大青少年爱国主义教育的首选之地。

图 12-4　村部陈列馆俯瞰

2.传承红色基因。沙洲把"半条被子"精神当传家宝，深入开展"弘扬半条被子精神，密切党群干群关系"主题实践活动，把上门的群众当客人待，把村里的群众当亲戚走，实施听民意解民难、困难群众帮扶、矛盾纠纷化解、特色产业培育、农村环境整治、乡风文明建设、村务清理公开、扫黑除恶等"八大行动"。联系村的县级领导每月深入村里走访调研、解决难题，工作队、支村两委坚持"四到农家八必访"，广大干部日夜奋战在巩固脱贫、接续振兴一线，走村入户、日访夜谈。

3.擦亮红色品牌。承办中国（郴州）国际旅游文化节开幕式、中国丰收节汝城分会场、"沙洲·半条被子"品牌联名发布会等大型活动，联动中省市县多种媒体广泛宣传推介"半条被子"故事，新闻联播头条分别以《"半条被子"映初心人民至上代代传》和《"半条被子"映初心小康路上气象新》为题进行推介，《焦点访谈》播出《老区新颜：从"半条被子"到幸福日子》专题新闻，进一步擦亮了"红色沙洲"名片。组织开展"传承红色基因、争做时代新人"等主题教育活动，组织青少年参观达5000场次以上，开展爱国主义教育、党史国史教育等社会实践活动6400多次。2020年9月16日，习近平总书记不远千里亲临沙洲考察慰问。截至2021年末，"半条被子"党性教育基地迎接来自全国各地的党员群众达400多万人次。

三、成效反响

（一）从"脏乱差"到"洁净美"，人居环境大为改善

沙洲瑶族村原先坑坑洼洼的道路、凌乱不堪的空地、破烂陈旧的古民居、设备落后的村部、功能欠缺的公共设施转变为宽阔平坦的道路、各有

千秋的红色景观、统一整齐的瑶族古民居、现代智能的为民服务中心、文娱一体的民俗广场，河道治理、雨污分流、电网改造、垃圾集中处理、防灾预警设施安置、"厕所革命"等工程陆续完成，人居环境大为改善，村容村貌焕然一新，并相继被评为"国家4A级景区""中国美丽休闲乡村""湖南省美丽乡村建设示范村"。

（二）从"一头热"到"齐发力"，治理效率大有提高

在各级党委政府的指导帮扶下，沙洲瑶族村健全完善了以党支部为核心，辅以村民理事会、道德评议协会、治安协作会、好人协会等的"1+N"村民自治组织结构和运行机制。借助村民自治组织的力量，村民从村庄治理的"决策者"到"支持者、引导者、激励者"，大大激发了村民主人翁精神和建设家园内生动力，直接提升了管理和服务效能，村庄治理模式与水平得到稳步提升，获评"全国乡村治理示范村"。

（三）从"门难进"到"成亲戚"，干群关系大为密切

沙洲将"半条被子"精神奉为传家宝，"把村里群众当亲戚走、把上门群众当客人待"，不断深化巩固党史学习教育成果，践行"我为群众办实事"，听民意、解民忧、聚民心。针对夜谈会上群众提出的村内村庄亮化不够、排洪渠排水不足等问题，三支队伍第二天便请专人对路灯及水渠进行安装修缮。群众心头牵挂的问题得到及时解决，党群干群关系也得到进一步密切。在"半条被子"故事的发生地沙洲瑶族村，党与人民风雨同舟、血脉相通的鱼水情深正在时刻续写。

四、典型意义

（一）党建引领必定战战必胜

沙洲村在党的领导下，同心同德、决战决胜，从一个偏僻荒远的小山村，晋升为全国知名的红色旅游景区，村民战胜了贫困，过上了红色小康生活。沙洲是"样板"，是"范例"，更是时代缩影和生动典范。放眼全国，历史见证，在中国共产党的坚强领导下，全国人民风雨同舟、齐心勠力，攻克了一个个艰难险阻天堑沟壑，夺得了一项项举世瞩目伟大成就，人民生活一天天蒸蒸日上欣欣向荣。没有共产党没有新中国，没有共产党没有好生活。

（二）红色基因还需代代相传

革命战争年代，党与群众的关系是血肉相连、生死与共。如今，硝烟

图 12-5　民族团结大合唱

散去、和平安宁，党的干部更要不忘初心、牢记使命，保持与人民群众风雨同舟、血脉相通的优良传统，走好新时代的长征路。正是在红色基因——"半条被子"精神的鼓舞鞭策下，沙洲瑶族村汉瑶干部与人民群众同心同向、众志成城，实现了边远山区到红色景区的美丽蝶变，打造了一支"永不撤退"的工作队。

（三）产业发展还当久久为功

发展生产既要因地制宜，选择合适的产业，也要做到"产学研"相结合，生产技术两手抓；既要发挥集体优势，抱团组建合作社，进行规模化生产，形成品牌效应，还要不断延伸产业链，健全消费网络，做到"产供销"结合。沙洲瑶族村利用好本地红色文化、绿色生态、古色乡风等资源优势，在勾画农旅经济发展蓝图的同时，以"党支部＋合作社＋村民"模式形成规模效应，大力开展农家乐、民宿、电商等配套技能培训，让群众切实掌握产业致富本领，真正实现了"红绿"巩固脱贫成果、衔接乡村振兴。

广 东 · 南 海
NANHAI · GUANGDONG

广东
南海

　　佛山市南海区地处广佛都市圈、粤港澳大湾区腹地，毗连广州，面积1071.55平方千米，户籍人口170.05万，常住人口371.93万，海外侨胞40多万。南海有两千年建制，历史悠久，名人荟萃，秦朝（公元前214年）设郡，隋朝（公元590年）置县，素有岭南"首府首县"美誉，曾涌现出"中国照相机之父"邹伯奇、"中国铁路之父"詹天佑、近代民族工业先驱陈启沅、戊戌变法领袖人物康有为、武术大师黄飞鸿、咏春宗师叶问等一大批时贤俊杰，南海原籍及出生的两院院士达16人，粤剧、南狮、桑基鱼塘等岭南文化精粹均发端于此、兴盛于此。

　　作为改革开放先行者，从1979年全国农业机械化试点县开始，南海在40多年来，承担过多项城乡发展领域尤其是农村领域的改革试点工作。早期曾以"六个轮子一起转"的县域经济发展模式，成为国内民营经济发源地之一，创造了跻身广东"四小虎"的发展传奇。1987年，被国务院确定为农村改革试验区，在农村土地上进行改革试验。1992年，率先在全国启动农村集体土地股权制改革，首创中国农村工业化的利益共享机制。2002年，在全国率先开展"三旧"改造，推动存量土地上再造发展空间。2015年开始，成为全国农村土地制度改革（"三块地"改革）的33个试点之一，陆续开展集体经营性建设用地入市、农村土地征收、宅基地制度改革。2019年，被省委深改委赋予改革重任，建设广东省唯一的城乡融合发展改革创新实验区，为全省城乡高质量融合发展探索路子。

　　南海区综合实力连续多年位居全国中小城市百强区第二名，勇夺2020年全国高质量发展百强区第二名，2020年获评全国农村幸福社区建设示范区，2017年以来四度荣膺中国最具幸福感城市。2021年，实现地区生产总值3560.89亿元，同比增长8.8%，增速全市第一，经济综合实力再上新台阶。

探索美丽乡村建设新路径

广东省佛山市南海区农业农村局

　　佛山市南海区西樵镇儒溪村在南海区委、区政府的正确领导下，充分利用南海区乡村振兴精品示范村、佛山市百里芳华示范带西樵段重点项目建设的有利时机，主动对标先进镇村，紧扣实施乡村振兴战略要求，以

图 13-1　儒溪村全景

"一坊、两街、三田、四园、五节点、六巷道"为建设目标，强化党建引领，抢抓发展机遇，拓宽社会治理参与途径，打造文明新风尚，积极做好美丽乡村改造这篇大文章。儒溪村以自身的实践，为美丽乡村建设提供了"样板"。

一、背景起因

西樵镇儒溪村近来成为佛山南海西部的一个"明星村"。变化，是儒溪村2021年发展的关键词。佛山市南海区西樵镇儒溪村，坐落于西樵山南麓，面积9.6平方千米，常住人口8280人（其中户籍人口7280人、非户籍常住人口1000人），党员237人，下辖21个经济社，六大自然村。辖区内现有企业32家，主要以家具行业为主，集体经济收入来源主要是鱼塘投包。2020年村组两级集体资产总额2189万元，可支配收入2004万元。有农地7000多亩，其中鱼塘5500多亩、耕地约2000亩。数年以前，在南海众多农村里，儒溪村只是一个边远、落后、贫穷的纯农业村，经济社的管理软弱涣散。随着实施乡村振兴战略的春风吹来，儒溪村的发展被逐步"吹"活：岭南水乡的田园风光惹人流连，水产养殖业走向兴旺，村民生活越发丰富多彩，先后荣获南海区乡村振兴精品示范村、广东省乡村治理示范村等称号。

二、主要做法

（一）强化党建引领，打造乡村振兴"新引擎"

一是建立两委干部包片工作机制。成立乡村振兴工作小组，由书记亲自"挂帅"，全体村干部立下"军令状"，每人包干一个自然村。二是夯实"三级党建网格"工作机制。借助村党委、经济社党组织、村民党小组，以党员为先锋，发动本村村民组成清理队，从整理农村人居环境问题入手，实现化整为零，逐一击破。三是建立党员设岗亮身份亮职责工作机制。制作党员网格管理牌，标注党员身份，明确党员职责，使无职党员"有岗有责有为"，党员在做好自己的同时，深入宣传群众、发动群众，调动起群众的主人翁意识。

（二）紧扣发展机遇，打造田园水韵"新儒溪"

一是分阶段计划推动人居环境整治攻坚行动。运用"事前精心谋划、事中聚力攻坚、事后加强维护"三步法以点带面，全面提升辖区农村人居环境居住水平。二是推动重点基础设施建设。完善公共文化基础设施，推动蝶美广场、文化广场公厕、村史馆等建设项目，为美丽乡村"蝶变"添

图13-2　蝶美广场

砖加瓦。三是制定村规民约。将家风文明与人居环境整治相结合，"量身定制"《儒溪村环境卫生管理自治规定》，规范和约束群众爱卫生，讲文明。

（三）延伸整治触角，拓宽村民参与"新渠道"

一是搭建"榕树头"议事平台。召集村民在榕树头下面对面交流，引导村民积极、有序参与社区建设，"有话跟党说、有事大家议"，有效推动问题解决。二是组建村民微信交流群。村民可通过随手拍把人居环境整治问题第一时间反馈给村组工作人员及时解决，促进村庄整洁有序、村容村貌明显提升、长效机制逐步建立。三是培育四支志愿骨干队伍。即党员志愿队、巾帼志愿队、青年志愿队和家长志愿队，充分凝聚辖区社会力量参与到乡村治理中，有效弥补社区工作人员不足的短板，助力乡村振兴。

（四）立足乡风文明，打造臻美儒溪"新品牌"

一是打造三大文化宣传阵地。以"儒溪乡村文化宫、儒溪微信公众号和儒风溪韵村报"三个载体为宣传阵地，让村民"有地方可去，有村情可知，有精神可托"，人与人的关系日益和谐，也更关注村的发展，为改变发展儒溪而共同努力。二是丰富文体生活。组建"儒溪篮球队、儒溪足球队、儒溪龙舟队、儒溪曲艺队、儒溪象棋队、妇女舞蹈队"等六支文体队伍，通过"三八晚会""端午曲艺晚会"等民族节日加大宣传，让乡村振兴深入民心。三是开展评选活动。举办"美丽庭院""美丽巷道"等比拼活动，形成比项目、比建设、比美丽"你追我赶"的生动局面。

图 13-3　在老式祠堂门口举办文娱活动

三、成效反响

（一）党群凝聚力更加强

坚持党建引领，立足于党建、定位于服务，让无形的党建化网格，网住有形的党员干部，充分发挥了基层党建在社会治理中的政治引领和组织优势，并因此激活了社会力量。正是这种党员和经济社骨干带头，群众积极参与的氛围，为儒溪的乡村振兴建设打下了良好的基础。如今，水口经济社有六个屋主主动申请，拆除六间小房子，更有村民无条件借出一间古老房子，用于打造水口党群服务站，继续做靓水口环境，做好儒溪水口这张名片。

（二）美丽成果更丰硕

儒溪村对整村进行了风貌整治提升，在求美的同时，也兼顾了村民的需求和实用性。此外，儒溪村村内原有的旧厂房、旧仓库等存量资源也进行了改造升级，将其改造成了一些村民公共设施。良好的环境成了乡村振兴极为重要的资源优势，极大地促进了乡村旅游等乡村经济发展。

（三）村民参与热情更高涨

坚持全民共建，群策群力聚合力。广搭平台，构建人民防线，对人居环境整治的持久性特别重要。通过多样化的活动激发全体村民参与农村人

图13-4　家庭亲子清扫大行动

居环境整治提升的热情和干劲，引导村民主动配合、自觉参与，实现"要我改"到"我要改"的转变。

（四）文明和谐风更浓厚

不断在生态美的基础上铸魂赋能。抓好文化基础设施建设，深化新时代文明实践，进一步丰富群众精神文化生活。儒溪村先后获评为佛山市文明村、佛山市古村活化单位、佛山市四星健康村。

四、经验启示

（一）要在加强党的建设上下功夫

坚持和加强党对"三农"工作的全面领导，把开展党史学习教育与为群众办实事结合起来，强化"三农"队伍作风建设、能力建设，完善乡村治理体系，为促进乡村振兴提供坚强的政治保障和组织保障。

（二）要在改善人居环境上下功夫

一方面狠抓农村基础设施、美丽乡村等项目建设，建立有效管理机制；另一方面，深入实施农村人居环境整治提升五年行动，让村庄美起来、庭院美起来、生态美起来、乡风美起来。

（三）要在加强乡村治理上下功夫

健全现代乡村治理体系，以做好农村两项改革"后半篇"文章为抓手，进一步健全村党组织全面领导村级各类组织的机制，深入推进平安乡村建设，搭建治理平台，发挥农民主体军的作用。

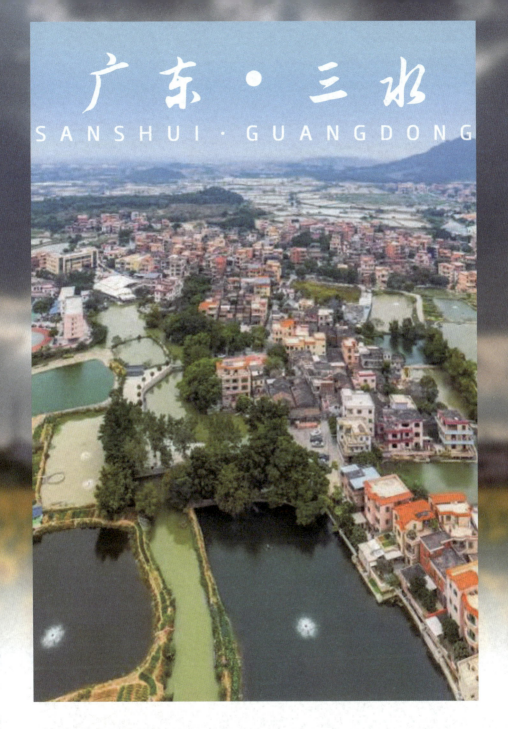

広东 · 三水

SANSHUI · GUANGDONG

广东
三水

　　佛山市三水区，别称"淼城"，位于佛山市西北部，地处广佛肇地理中心，总面积 827.71 平方千米，户籍总人口 47.91 万人，常住人口 80.32 万。是全国文明城市、国家森林城市。

　　产业发展良好。全区形成了近 1500 亿元装备制造、近 1000 亿元泛家居、超 500 亿元食品饮料、超 500 亿元电子信息等四大主导产业集群。佛北战新产业园纳入全省七个大型产业集聚区，依托佛高区云东海生物港、大塘工业园化工专区，加快布局生物医药、新材料两大新兴产业集群。位列全国高质量发展百强区第 25 位。

　　区位优势突出。三水是珠三角冲积平原最早形成的地方，是地理意义上的湾区之源。毗邻广州白云机场、广州南站、佛山西站等交通枢纽，以贵广（南广）高铁、广佛肇城轨连接全国高铁网、湾区轨道网，三水港"湾区通"直航华南四大枢纽港，正在建设的佛山轨道 4 号线计划在辖区内设 5 个站点，广佛肇等 7 条高速公路密织成网。

　　城市功能完善。文化中心、新城医院等城市配套不断完善，三水广场、万达广场、新动力广场、钧明汇等商圈商贸繁荣。全省乡村振兴综合改革试点成效巩固拓展，9 条经验获省委改革办总结推广，现代都市农业全产业链条加速成型，城乡融合发展空间持续拓宽。城乡居民收入比为 1.35∶1，城乡均衡发展走在全国前列。

　　文化底蕴深厚。三水是传统的岭南水乡，水域占全区总面积的三分之一，昆都山·思贤滘、云东海国家湿地公园等"三水新八景"展现新魅力。全区拥有银洲贝丘遗址、芦苞胥江祖庙等各级文物保护单位 66 处，拥有"红头巾""粤曲星腔""独树岗千叟宴"等各级非物质文化遗产 32 项。

　　2021 年实现地区生产总值 1405.19 亿元，增长 8.6%；地方一般公共预算收入 71.52 亿元、增长 5.6%。

突出产业发展 促进全区全域振兴

广东省佛山市三水区农业农村局

佛山市三水区以全省乡村振兴综合改革试点为契机，突出产业振兴的"牛鼻子"牵引作用，建设全域美丽乡村精品路线，一盘棋系统推进"五大振兴"，初步探索出具有自身特色的全面振兴之路。三年来，全区产业振兴招商引资项目超 100 亿元；首创"美丽指数"，70%村居达到美丽宜居；

图 14-1 获评"2020 年度中国全面小康百佳示范县市"

农村居民增收 32%，2021 年城乡收入差距比缩小到 1.35∶1，城乡均衡发展水平走在全国前列。2020 年，获评中国全面小康百佳示范县。

一、主要做法

紧扣上级要求和改革试点任务，出台政策 39 个，实行区、片区、镇街、村居和村小组"五级书记抓乡村振兴"，选派 55 名乡村振兴工作指导员到村居，形成"5+1"推进力量体系，以"推动产业振兴和建设全域美丽乡村精品路线"为两大抓手，统领"五大振兴"深入推进。

（一）规划引领和招商引资双轮驱动，集约化推进乡村产业振兴

集聚各类政策、资金、人才等资源，持续优化农业农村招商引资环境，聚焦农产品加工流通环节缺失等短板，以"规划 + 招商"双轮驱动，精准施策，靶向发力，全力推动乡村产业振兴，引领全域振兴。

1. 规划先行，融合发展。在攻坚人居环境整治第一场硬仗的同时，同步谋划乡村产业发展，在实现农村美的道路上，以产业作为内核驱动力，同频实现农业强，农民富。一是以农业园区化促进农业集约高效发展。按照"统一规划、统一建设、统一管理、统一推介、统一品牌"的发展思路，规划建设现代农业产业园，优化全区重点产业布局。重点规划建设三水渔业工贸产业园、三水（青岐）渔业产业园（省级现代产业园）、北部果蔬科技产业园、西江（白坭）农业园、乐平农业园（海峡两岸创意农业园）等园区，园区布局遍布全区 7 个镇街，南、中部以水产园区为主，北部以果蔬园区为主，实现区域产业园均衡协同发展。通过园区集聚各类政策、资源、项目和主体等，强化联动带农，加快构建现代农业产业、生产和经营体系。三水黑皮冬瓜、乐平雪梨瓜、三水芦苞鱼干成功注册国家地理标

志证明商标。中山大学、珠江水产研究所等一批高端科研单位相继落户三水。芦江水产专业合作社被评为"国家农民合作社示范社"。成功创建省级水产健康养殖示范县，青岐村获评全国"一村一品"示范村。康喜莱蔬菜专业合作社建成广东首个蔬菜类"科技小院"、乐平建成国家级乐平雪梨瓜栽培标准化示范区。二是以"三片联动百村共建"促进农旅文融合发展。立足全区资源禀赋，整体规划、分片实施、连片成画，推进"三片联动、百村共建"，着力打造岭南水乡、千年村落、生态屏障三大乡村振兴示范片区，对示范片区内田园风光、传统文化、乡村景点等具有开发基础和潜力的资源进行梳理、打造和整合，深入挖掘农村生态涵养功能、休闲观光功能、文化体验功能等。依托全域美丽乡村精品路线建设串联片区内外，整合运营，示范推介，形成特色乡村游路线。全区已引进建设蓝城本味、"四个百年"、"足球+"等一批重点农旅文项目，乡村美丽经济受市场追捧。乐平镇入选广东省休闲农业与乡村旅游示范镇，大旗头村、长岐村和富景社区获评省级文化和旅游特色村，独树岗获评"广东特色产业名村"。近 3 年全区乡村游人数倍增。

2. 聚焦补链强链，精准招商。依托规划建设的园区，系统谋划，主动出击，集中资源，精准靶向，强化招商引资。重点引入农产品加工流通型企业和项目，补齐产业链短板，构建农业生产、加工、流通、销售等全产业链，引领农业高质量发展。已招商落户以"四大标杆"为代表的一批项目，计划总投资超 100 亿元。"四大标杆"项目中，南山万亩智慧农业园项目已获评广东省数字农业园称号，力争成为粤港澳大湾区现代都市农业综合示范基地；何氏水产智慧渔业项目建成后将成为全区渔业发展核动力，并逐步打造成全省乃至全国"南鱼"加工流通集散中心，成为全省"现代渔业标杆"；扬翔现代化生猪产业项目（佛山市生猪保供基地）将打造成全省"现代畜牧业标杆"；乐平花卉农业园项目建成后将成为全省乃至全国花卉生产经营、流通交易重要基地，成为全省"花卉产业标杆"。上述项目的计划投资强度、亩产值和税收、联农带农等方面将实现重大突破。

　　3.发挥财政资金杠杆效应，促多元投入。在推动农业发展中，不断探索优化财政资金使用方式，注重资金使用绩效，从传统"输血型"投入逐步迈向"造血型"投入，大大提高了财政资金的杠杆效应。一方面，加强对农业园区等基础设施建设，以此吸引农业项目投资，增强资金杠杆效应。按初步匡算，截至2021年末，各级财政资金对农业产业园区基础等投入撬动社会投入的比例约10倍。随着农业招商引资深入推进，更多项目投资落户，三水有望成为全省财政资金牵动社会资本投入的标杆地区。另一方面，在全国首创"政银保"农业合作贷款机制，已

图14-2　首创"政银保"支农扶企模式

累计向农户、合作社、农业龙头企业等生产经营主体贷款超 20 亿元，财政资金撬动金融资本的比例为 100 倍。

4.产业驱动，全面振兴。紧扣"发展促增收"这条主线，发挥产业振兴的牵引力，推动组织、生态、人才、文化等振兴，实现"五大振兴"同频共振，促进乡村全面振兴。组织振兴方面：村党组织发挥核心引领作用，组织发动村民议事行事，汇聚民意民力推动产业发展。如乐平源潭村党组织带领村民仅用 21 天就完成 4000 亩土地集约，为乡村产业高质量发展提供重要保障。生态振兴方面：全面推进"三清三拆三整治"，村庄环境焕然一新，助力招商引资，催生乡村产业新发展。如西南江根村全力推进环境整治和风貌提升，改善环境同时挖掘生态、文化等资源，引进"三江缘"咖啡馆等经营项目，推动村产业发展。人才振兴方面：想方设法吸引外出人员回村投身建设。如白坭镇中社村书记、村长何文胜，响应乡村

图 14-3 中国漆艺展示馆

振兴号召，回村组织发动村干部和村民建立"四姓同一祠堂"的和谐治理模式，集约清拆后的空地通过引导村民入股等方式发展优质种植业，吸纳本村劳动力，村集体和村民收入大幅度提高。文化振兴方面：活化利用好文化资源，将其转化为文化创意，成为产业发展优势。如白坭镇结合祠堂文化等，"无中生有"引入漆艺文化，发展漆艺文化产业，拓宽村发展和农民增收渠道。

（二）全域建设美丽乡村精品路线，打造"一轴三区"全域乡村振兴格局

立足经济社会和城镇化发展阶段，牢牢把握城乡融合发展趋势，以建设贯通全区的全域美丽乡村精品路线为总抓手，引领集聚发展、创新发展、融合发展，促进全区全域振兴。

1.实施"三片联动、百村共建"，以三大示范片区建设打造全域精品路线"串珠成链"。一是三大示范片区划分突出主题功能统一。以贯通南北的三水大道为主轴，将全区七个镇街划分为"南部岭南水乡、中部千年村落、北部生态屏障"三大片区，按同一个主题和功能建设，有利于片区内镇街共融共进，形成连片建设、整体打造、集合发展。二是三大示范片区坚持联合党委统领建设。创新性地在每个片区成立联合党委，由区领导兼任联合党委书记，片区所在镇街主要领导、分管领导以及村居书记为联合党委成员，建立日常运行机制，统筹片区内各镇街乡村振兴工作。三是以项目竞争性推动三大示范片区建设。建立"额度预控、竞争分配、动态调整"的项目资金分配机制。截至 2021 年末，三大示范片区累计完成超过 300 个重点项目，涵盖人居环境整治、产业发展基础、特色文化节点等方面。四是三大示范片区实现内外联通。确立贯通每个片区内部、联通每个片区之间的连接线。连接线串联"五大振兴"项目、点线结合，突显有

颜值、有内涵、有特色、有底蕴的区域，推动形成精品路线。如南部片区的连接线西江十里画廊被评为省级美丽乡村精品路线。

2.党建引领创新基层治理，为精品路线"铸魂"。构建全域美丽乡村精品路线，既要从外在颜值上"塑形"，更需要在内在气质上"铸魂"。一是实施村组两级重要事权清单管理，从机制上保障村（居）党组织"话语权"。由村党组织审核把关的资金使用累计超 20 亿元，三水"重要事权清单管理制度"入选第二批全国乡村治理典型案例。二是实施村务监督委员会、村民议事会、家乡建设委员会和乡贤慈善会"四会联动"，为村内外人员投身乡村振兴提供重要平台。以白坭镇为例，近 3 年乡贤们共筹集超 3000 万元支持家乡建设，组织举办了龙舟赛等多场乡村特色活动。三是实施无职党员设岗定责，示范带动村民推进"三清三拆三整治"、农村环

图 14-4 村无职党员开展征集红点子活动

境"网格化"管理等。全区 3757 名无职党员领岗尽责，约占农村党员的一半。四是实施三级党建网格建设。全部镇街和村（居）党群服务中心全部实现实体化运作，614 个村民小组党群服务站建成落地，覆盖率 91%。五是实施"民生微实事"工程，竞争性扶持村建设。截至 2021 年末共举办项目评审会 26 期，投入资金 3.12 亿元，实施项目 1667 个，覆盖全部 72 个村（社区）和大部分村民小组。

3. 创新人居环境整治机制，促精品路线"蝶变"。以建设全域美丽三水系统推进农村人居环境整治，实现"面上干净、线上美丽、点上精彩"。一是系统布局纵深铺开整治。沿着全域美丽乡村精品路线，由近到远渐进建设、梯次提升农村人居环境，结合"三沿一口"环境整治，整体改善、全域提升。二是标准引领美丽乡村建设。建立农村人居环境整治"十步工作法"，在省的基础上创新实行农村人居环境"四级同创"，相应明确创建、验收、长效管理标准。率先出台"三拆除"工作指引，明确"三拆除"对象和流程。三是突出重点协调推进"五个美丽"建设。从百姓感受最深的"美丽家园"做起，以重点突破带动面上工作。全域推进"三清三拆三整治"，770 条自然村道路总体上达到干净整洁，70% 的行政村达到美丽宜居。江根村获评"广东农房风貌提升名村"。全面完成 881 个农村公厕、1193 个垃圾收集点改造提升，农村分散式污水处理设施覆盖人口密集自然村。整治 648 个各类棚舍，新建近 200 个与田园风光相适应的农业工具房。全面完成纳入城乡黑臭水体整治的 44 条河涌整治，开展"三沿一口"环境整治，完成 79 千米"四好农村路"，获评国家"四好农村公路"示范县。四是建管同步落实长效管理机制。坚持边建边管、系统治理，建立区、镇街、村居、自然村四级标准化、"内生＋外生"长效管理机制。区级创新开发运用 APP，各镇街通过红黑榜、诚信贷等共抓长效管理机制落地。通过长效管理考核的自然村，区镇两级每年投入长效管理奖补超 5000 万元。

图 14-5　首创"美丽指数"定期发布机制

五是建立美丽指数评价机制。在全省首创"美丽指数"定期发布机制，以指数化将美丽乡村建设工作成果规范化、可视化反映，形成美丽指数为导向的"创建验收—长效管理—指数发布"美丽乡村创建全流程工作体系。

4. 积蓄人才，为精品路线增添活力。加强人才队伍建设，撬动社会力量聚集人才为精品路线提供智力支持。一是全面实施"头雁"工程。按1：2 比例储备党组织书记人选 144 名，实绩考察 71 名无职党员列入村（居）储备人选，105 名领岗党员当选党支部书记或村民小组长，党员村民小组长占比 43%。这些经过锤炼的村书记，在环境整治、经济发展中率先垂范，带头先拆自己的猪舍和废旧房屋，迅速打开工作局面。二是加强适用技能型人才培养。开展"粤菜师傅、广东技工、南粤家政"三项工程培训约 1.5 万人次，成功申报 1 家省（市）级粤菜师傅培训基地。开展新型职业农民培训 1.5 万人次，推动农民发展优质高值水产业。三是以榜样示范汇聚社会合力。发挥全国改革先锋胡小燕等优秀党员代表典型示范作用，已吸引 147 名外出优秀人才返乡支持乡村振兴。

　　5. 文化赋能，丰富精品路线内在美。注重挖掘沿线乡村文化资源，将乡土文化融入美丽乡村建设，丰富内涵。一是活化阵地拓展功能。在全省创新推出"祠堂＋文化"模式，建设 30 个示范点，拓展乡村文化阵地新的社会经济功能和文化内涵，成为融合新文化元素的发展地。如白坭镇西江院子的邓氏宗祠修缮改造后，转变成为制作和展示漆艺品的"窗口"，成为漆艺产业发展的"桥头堡"。二是打造节点融合盘活。在美丽乡村精品路线建设中，通过对农村的历史建筑和历史文化的挖掘、保护、修复与提炼，打造形成百年河口火车站、江根"三江汇流"、粮食博物馆、西江院子、漆艺文创村、伏户小明星纪念馆、福田文化村、大旗头古村落、尹边粤剧名人馆、独树岗古村、六一梅花古村、南山归侨文化馆等一批特色

图 14-6　全省创新推出"祠堂＋文化"模式

文化节点和阵地，为美丽乡村精品路线增添特色和亮点，推动文创开发、文旅融合等。在第二届省美丽乡村系列评选现场会上，省、市领导对三水在美丽乡村建设中融入文化印象深刻，认为很有特色，很有成效。

二、经验启示

（一）坚持党建引领，以"一把手"工程推动，是实施乡村振兴战略的前提条件

改革试点工作始终以习近平新时代中国特色社会主义思想为指引，坚决贯彻落实上级工作要求，立足三水在全省经济社会发展阶段和水平，在总结改革开放以来历次农村改革发展经验的基础上，对标对表乡村振兴二十字方针要求加以深化、完善、提升和创新。落实"五级书记抓乡村振兴"要求，发挥各级党组织核心领导作用。区委主要领导主要精力放在乡村振兴，当好一线总指挥。创新成立三大片区联合党委，打破镇街工作藩篱。通过"党建引领、三治结合、四会联动"，汇聚各方力量，确保改革试点工作沿着正确方向合力推进。

（二）坚持产业为先项目为王，围绕产业链缺失精准招商、补足产业链短板，是推动乡村振兴战略实施的关键所在

三水坚持高位谋划、规划先行，充分对接湾区大市场，发挥农业多重功能、农村多重价值、农民多重身份的优势，激发产业兴旺新活力。三水围绕花卉、水产、畜牧、果蔬四大标杆产业链环节需求，重点引入农业科技研发、智慧生产、深加工、流通、销售领域龙头企业，构建现代农业产业链供应链体系；以园区化集聚资源推动农业与二三产业融合，加速传

统农业向都市农业转型升级；充分发挥财政资金撬动社会资本杠杆效应，探索社会资本支持乡村振兴模式和路径，构建全链条体系促农业高质量发展。

（三）坚持全域联动，通盘考虑全区城乡资源禀赋，由点及面连片集中建设，打造全域美丽乡村精品路线，是促进乡村振兴持续发展的根本路径

三水紧紧围绕乡村振兴规划布局，以"发展促增收"主线统筹考虑"五大振兴"，沿着全区美丽乡村精品路线整合"五大振兴"，形成"五大振兴"的发展合力。规划形成"一轴三区三片七带"的全域振兴布局，集中力量实施"三片联动，百村共建"，不断推动美丽乡村联建、生态环保联动、交通互联互通、优势产业对接、优势资源共生。选取有代表性的镇、村先

图 14-7　欧南村

行先试，动态总结，及时推广，以点带面，纵深推进，从点上出彩到串珠成链，连线成片，吸引人气，增添财气。整合各类优势资源，推进镇村、城乡平台整合、产业聚合、工农融合，更好推进镇村功能优势互补、特色资源共享，推动形成城乡有机整体，发挥乡村强大正向推动力。

（四）坚持惠民富民，改善乡村人居环境促进农民增收，是检验乡村振兴成效的重要标尺

实施乡村振兴战略，目标是实现农业农村现代化，归根到底是农民富裕富足。三水将工作重心、各方资源落到村组一线，从农民群众最直接、最关心的问题入手，下大力气以更高的标准开展农村人居环境整治，在较短时间内显著改善农村环境。与此同时深入谋划乡村产业振兴等，想方设法为提高农村集体经济收入和农民收入创造条件和机会，满足城乡群众日益增长的对美好生活的向往，推动城乡融合水平不断提升，乡村建设行动取得明显成效，乡村面貌发生显著变化，乡村发展活力不断激发，乡村文明程度得到新提升，农村发展安全保障更加有力，农民获得感、幸福感、安全感明显提高。

广西·富川

FUCHUAN · GUANGXI

富川瑶族自治县位于广西东北部，地处湘、桂、粤三省交界的都庞、萌诸两岭余脉之间，自汉武帝元鼎六年（公元前 111 年）始置县。总面积 1572 平方千米，总人口 34.28 万人，其中瑶族人口占总人口的58.2%。

富川瑶族蝴蝶歌、瑶族长鼓舞被评为国家级非物质文化遗产，马殷庙及 27 座古风雨桥群被列为国家重点文物保护单位，全县有 3 个中国历史文化名村、4 个中国少数民族特色村寨、22 个国家级传统村落。全县森林覆盖率 57.1%，生活饮用水和空气质量达到国家一类标准，主要江河湖库水质达标率达到 100%，被纳入国家生态文明先行示范区建设县和国家重点生态功能区，龟石湿地公园被评为国家湿地公园。

近年来，富川深入实施"生态立县、产业兴县、创新活县、富民强县"发展战略，成功创建了自治区级贺州华润循环经济产业示范区、自治区首批现代特色农业核心示范区、全国第二批农村物流服务品牌，先后被评为"国家循环经济示范县建设地区""全国电子商务进农村综合示范县""国家农村产业融合发展试点示范县""国家农产品质量安全县""国家有机产品认证示范县""全国农业生产标准化示范县""全国首批农业科技现代化共建先行县""全国农业现代化示范区创建县""'四好农村路'全国示范县""全国城乡交通运输一体化示范县"，富川福利国际慢城是全国第四个、广西第一个国际慢城。

广西
富川

创新文旅融合发展　打造全国乡村振兴示范带

广西壮族自治区富川瑶族自治县人民政府

广西贺州市富川瑶族自治县朝东镇旅游资源丰富，有名扬全国的秀水、岔山、福溪三个传统古村落，华南最大的成片楠木林——蚌贝金丝楠木林。传统文化独具特色，有秀水状元文化、岔山潇贺古道文化和美食文化、福溪瑶族传统民俗文化。特色产业基础雄厚，有塘源村万亩"冷泉香芋"示范园及配套香芋加工企业。富川以创建全国全域旅游示范县为载体，创新文旅融合发展打造广西乡村振兴的"富川样板"，全力打造全国乡村振兴示范带，主要涉及朝东镇福溪、岔山、秀水、和平、蚌贝、营上6 个村，总面积 55.8 平方千米。富川下发《关于成立助推广西贺州富川秀水片区乡村振兴示范带项目发展专班领导小组和专班专项工作小组》的通知，加强与广西旅游发展集团"一企包一村"助力乡村振兴工作对接。朝东镇荣获广西乡村旅游重点村、镇（乡）；朝东镇秀水村、岔山村命名自治区 2021 年广西民族特色村寨。2021 年 11 月 19 日，《岔山村：潇贺古道入桂第一村》在中央电视台直播中国《中国乡村》栏目播出。

一、背景起因

富川瑶族自治县以打造全国乡村振兴示范带为目标，巩固拓展脱贫攻坚成果同乡村振兴有效衔接，在朝东镇全面实施"以文促旅，以旅兴农，农文旅融合发展"的战略，以生态农业为基础，休闲旅游为主导，古道文化为特色，调整优化产业结构，推进经济增长方式转变，构建环境保护、资源节约型经济发展模式，打造"秀水—岔山—福溪"的生态文化旅游带、香芋产业带、朝东中心城镇辐射带，实现生态、文化、旅游、农业共赢发展。

二、主要做法

（一）打好文化旅游组合拳，促进旅游业提质增效

全力推进旅游项目建设。依托民族艺术写生基地项目、潇贺古道和古

图 15-1 岔山潇贺古道

村落保护开发项目，对朝东镇秀水、岔山、福溪三个旅游重点村进行提质升级，增点扩面至龙归、油沐、东水，形成一条生态文化旅游带。挖掘传统文化丰富旅游业态。依托"赶春牛""状元太尉出游""油沐歌堂歌"等传统民俗活动、传统歌舞表演，推出一批"潇贺古道探秘游""瑶乡风情体验游"等项目，打造"古道岔山""书香秀水""宋寨福溪"等一批旅游文化品牌，形成融观光、体验、游学、美食、民宿、康体养生为一体的大型精品文旅综合体。

（二）推进基础设施建设，保障交通和饮水安全

推进朝东镇主要街道改扩建、富川至湖南省江永县二级路连通等项目建设，完善省际城镇交通路网。加速推进中小河流治理工程和农村水系综合整治工程。加快秀水河、鸟源河以及鸟源水库至民主河段整治工程建设，全力推动朝东镇秀水村农村水系整治工程落地，优化人居环境。实施供水饮水节水工程。加快推进朝东镇富泉水厂改扩建项目，开展鸟源灌区节水配套改造工程，实施朝东镇长塘农村饮水安全巩固提升工程，保障供水和饮水安全。

（三）谋划特色产业发展，树立现代特色农业品牌

实施品种品质品牌提升行动。打造一批芋头标准化种植基地，充分利用互联网宣传媒介，广泛复制和推广"电商＋农业"成功实践，推广"冷泉香芋"本土品牌，主动拓展粤港澳大湾区及国外市场。优化特色产业发展模式，提升打造冷泉香芋产业核心示范区，通过完善农业新基建，拓展农业功能，传承农耕文化，发展休闲农业等新型业态，推进农业信息化建设。依托秀水森林生态文化旅游示范区的岔山、秀水、北面寨的后龙山文化、人文历史与田园风光，以及蚌贝、塘源、民主等村的冷泉香芋产业田

图 15-2　富川冷泉香芋产业核心示范区

园优势，打造集循环农业、创意农业、农事体验、森林康养于一体的农业
田园综合体。

三、成效反响

（一）健全责任体系，汇聚乡村振兴"向心力"

一是全局谋一域。按照乡村振兴"二十字方针"和"五大振兴"要求，
制定党建促乡村振兴示范带建设实施方案，组建一个工作专班 7 个执行
组，列出"重大项目、重点问题诉求"两张清单，落实"论建研讨、进度
日报、闭环督导"三项制度，对标对表推进示范带建设。二是结对促发展。
开展"市委政策研究室—朝东镇""广西旅发集团—秀水村""广西农科院—

塘源村"结对共建活动，启动技术提升、科研转化、文化提炼、产业发展等合作项目；谋划组建"秀水片区乡村振兴示范带"6 个村党支部与后盾单位的党建联盟，通过"支部联建、人才联培、乡风联提、产业联创、项目联推"五联模式，联创共建国家级乡村振兴示范点。三是比学争先进。组织村党支部书记抓党建促乡村振兴专题培训，提升支部书记抓党建促乡村振兴意识。通过组织村党组织书记走村观摩、互学互促，选树一批乡村振兴担当作为的"双强"好支书，开展"岗位练兵、擂台比武"活动。在岔山、秀水等村党支部举行"村事村办·党员揭榜""行动学习＋乡村振兴"观摩活动 3 场次，组织全镇村党组织书记走村观摩，一起"找茬""晾晒""比拼"以先进带动后进、以示范推动规范，建强乡村振兴战斗堡垒。

（二）激活人才队伍，培育乡村振兴"生力军"

成立朝东镇乡村振兴青年人才党支部、秀水乡村振兴活动中心，建立六类人才库，以"头羊计划""薪火工程""导师帮带""追梦计划"四大行动为载体，全面提升乡村振兴人力资源综合素质。一是人才资源"聚"起来。推行"留住本地人、吸引外地人、唤人才回流"工作机制，实行人才储备动态管理，实施入党积极分子"源头工程"，成立乡村振兴青年人才党支部，着重培养优秀外出青年发展入党。近年来，朝东镇培养外出青年人才 44 人，动员申请入党 5 人；储备外出能人 70 人，优秀人才 69 人，后备人才 92 人。二是乡贤能人"用"起来。以巩固拓展脱贫攻坚成果为重点，着力引进"扶贫车间＋龙头"型企业，扩大企业聚集规模。发挥镇域企业能人和产业能人技术培训作用，提升领域技术服务水平。积极发挥村致富能手和龙头农业经营主体引领作用，深度对接社会组织、企业创客，深化文旅融合发展品牌效应。三是产业能手"带"起来。围绕乡村振兴示范带重点建设内容，大力培养乡村建设"当家人"、产业发展"领头

图 15-3　岔山电商一条街

人"，与县经贸局共同组织开展"数字乡村·智慧农业"，与县文化旅游局共同开展"古村保护·文化传承"等专题培训 4 场，参训党员干部 500 多人次，产业能手培训帮带服务机制日益健全。

2021 年，分别与县电商办、县文管所联合开展"数字乡村建设与成果转化""古村保护开发与乡村旅游建设"专题培训，利用岔山旅播基地培养村播达人、村情讲解员，培训各类人员 1000 多人次。开展创业促进行动，与桂林银行、富川农商行等机构谋划开展诚信经营户、致富带头人评选活动，提高获评人产业发展资金授信额度，把有能力的党员群众"孵化"成致富标兵。巧用秀水游客服务中心、岔山酒肆、楠木林科普馆等资源，招募乡村振兴合伙人，实现共创共享；加快冷泉香芋加工创业园建设，完善租金补贴政策，吸引优质企业入驻；配合做好广西卫视《大家来

图 15-4　《大家来到我们村》节目组来岔山村拍摄

到我们村》节目，让更多文化艺术、建筑学、美食、旅行等为乡村示范带建设"把脉、问诊、开方"赋能。

（三）提升乡风文明，筑牢乡村治理"精气神"

一是"善治 + 铸魂"，文明种子绿植乡村。通过建设朝东镇秀水廉政文化教育基地、红色石余馆、岔山知青馆、福溪民俗传习馆等乡村振兴讲习所，举办"秀水书香节""乡贤见面会""芋海丰收节"等活动，引导党员群众比奉献、做表率、比发展，涌现出了岔山村环保妈妈何绿嫦、村导李香等一批为乡村添景、为乡亲尽心的乡风文明引路人。二是"传承 + 创新"，潇贺古道焕发生机。探索实施"乡村资源 + 市场主体"的在地文化复兴行动，对秀水状元游、岔山美食、福溪织锦、油沐民俗歌舞等乡村资

图 15-5　岔山村百桌宴

源收集整理，引入旅行社、创客团进行再创作，增加消费业态和场景，将其有形化、市场化、品牌化。谋划建设岔山人民公社大食堂，整合一条街美食推出"忆苦思甜"套餐；组织开展以香芋为原料菜品的巧媳妇、村大厨大比拼，策划推出"芋满天下""年年有芋"主题长桌宴；以"古文化、瑶风情、芋产业"为关键词，打造独有视觉 IP，开发"共同富裕四季安康礼盒""金芋满堂文房四宝礼盒"等一批文创特色伴手礼。三是"党群+协会"，拓展乡村治理成效。依托党群理事会和老年人协会，以完善基层政权建设和社区治理制度为导向，推行党小组组长联系村民理事会、党小组党员联系周边群众的"一组双联"制度。建成了秀水村史馆、瑶绣展示厅、古村落旅游成果宣传长廊、红色石余党史学习实践基地、秀水党风廉政教育实践基地、福溪民俗传习馆，培育一批本地文化传播人才，如村情讲解员、文化讲解员，既丰富了乡村旅游资源，又提升了优秀传统文化内涵。

（四）文旅融合发展，共圆生活富裕"幸福梦"

通过统筹协调、资源共享、抱团发展等方式，加大扶持资金投入力度，打造一批集体经济产业园、示范园、示范项目，全面推广发展壮大朝东镇岔山、秀水、福溪、塘源等村级集体经济。2021 年，通过基层组织联动、专业集团带动、重大项目推动，实现产业振兴。全力推进广西旅发集团"一企包一村"秀水片区乡村振兴示范带项目，不断壮大文旅产业；积极推进"潇贺秘境"田园综合体项目，不断壮大农旅产业；加快推进广西民族文化写生基地项目建设，深化与江西婺源一甲文化艺术交流有限公司合作，拓展高校写生、美术展览、戏剧展演等外延功能，力争将秀水建设成为桂北地区艺术展示"第一村"；与广西农科所合作共建香芋产学研

图 15-6　岔山旅游火爆

实践基地，与贺州市农业投资集团共建共营冷泉香芋加工集中园，从育苗、种植、加工、废物利用等各环节助推特色农业产业发展。利用五年时间，全面建成国家级乡村旅游度假区、国家 5A 级旅游景区、国家级田园综合体、中国特色小镇。

广西·巴马

BAMA · GUANGXI

　　巴马瑶族自治县地处广西西北部，辖区面积 1977 平方千米，总人口 30 万人，少数民族 26 万人，其中瑶族人口 5.3 万人，占总人口 17.46%。

　　巴马是革命老区，是右江革命根据地的中心腹地，是邓小平、张云逸、韦拔群等老一辈无产阶级革命家生活和战斗过的地方；是国家规划实施的"百色风雷，两江红旗"红色旅游线路重要组成部分。巴马是世界著名长寿之乡，中国人瑞圣地。是中国目前唯一被国际、国内共同认可且世界唯一长寿人口持续增长的长寿之乡，是中国第一个被国际、国内双认定为"世界长寿之乡"和"中国长寿之乡"的县；被国际自然医学会会长森下敬一先生赞誉为"人间遗落的一块净土"；百岁寿星比例为 34.48 人 /10 万人，位居世界五大长寿乡之首。

　　巴马是国际长寿养生旅游胜地，境内旅游资源丰富，有水晶宫景区、百魔天坑景区、水波天窗景区、赐福湖风光、龙洪田园风光、弄友原始森林、盘阳河风光、那社"命"河、好龙天坑群以及坡纳农家乐、敢烟仁寿山庄、达西儒礼桃花源新村、赐福湖风情岛、巴根山寨等；生态保护完好，森林覆盖率高，素有"天然氧吧"的美誉，2010年时任国务院总理温家宝同志视察巴马时给予了"山清水秀生态美、人杰地灵气象新"的高度评价。

　　巴马品牌优势突出，先后荣获世界长寿之乡、中国长寿之乡、中国香猪之乡、中国书法之乡、中国十大富硒之乡、全国县域旅游之星、中国王牌旅游目的地、中国王牌旅游景区、全国旅游标准化省级示范县、全国环境质量优秀示范县、中国十佳最美小城、最适宜人居和最休闲养生的十个小城、全国休闲农业与乡村旅游示范县、国家旅游局扶贫示范县、国家旅游局定点扶贫县、国家西部生态文明示范工程试点县、中国最佳养生休闲旅游名县、全国生态文明先进县、广西优秀旅游县等荣誉称号。

广西
巴马

构建"五位一体"农村信用体系
推进新时代乡村治理体系和治理能力现代化

广西壮族自治区巴马瑶族自治县委、县政府

随着我国经济社会发展进入新时代，乡村社会结构深刻变动，村民思想观念深刻变化、诉求日趋多样，农民对美好生活充满新期待。为了顺应新时代要求，坚决推动乡村振兴战略深入实施，建立预防返贫的长效机制，必须在推进国家治理体系和治理能力现代化上下更大功夫。贫困治理体系是国家治理体系的重要组成部分，建设一个在党领导下，自治、法治、德治相结合的乡村治理体系尤为重要。2017 年以来，巴马瑶族自治县锐意改革进取，大胆尝试，积极探索，把乡村治理与金融改革相结合，综合经济、政治、文化、社会、生态文明指标建立"五位一体"农村信用体系，谋划建立健全了乡村治理制度体系，为走中国特色社会主义乡村善治之路和欠发达地区走高质量发展之路践行了新理念、创造了新方法、探索了新模式。

一、背景起因

巴马县开展"五位一体"信用建设基于 3 个背景：

一是建立正向的激励机制，激发群众的内生动力。巴马县在 2015 年

入户识别评估贫困户的时候，按照评估表给每家每户评分，分数越低，家庭情况越差，越可能是贫困户。比如，68 分是贫困户，69 分、70 分就不是贫困户，在一个屯里，68 分的贫困户与 70 分左右的非贫困户差别不是很大，然而在随后的几年里，他们享受的政策差异是很大的。村民本身很朴实，但是一年、两年、三年，当非贫困户看到贫困户能够享受到很多实实在在的利益时，一些非贫困户不禁怀疑"老实人就要吃亏吗？"非贫困户的不满意以及他们对"真善美"的怀疑，不利于巴马乡村社会的发展。我们不能让勤奋努力的人，怀疑自身的努力，我们要让他们因为勤奋努力得到更多的肯定，因为有道德有文化追求上进而得到更多肯定，因为爱护生态环境、与邻里和谐相处而得到更多肯定。因此必须要树立一种正向的导向机制。

二是深化农村金融改革，解决农户发展资金的需要。农村金融改革的一项重要内容就是建立农村信用体系。广大农村农户数量多、居住分散，比如巴马那桃乡平林村就有 1 千多户，18 个自然屯，而金融机构在农村的网点少、信贷员少，金融机构难以了解家家户户的信息和信贷需求，因此农户贷款成本高、难度大。建立信用体系，金融机构通过信用体系可以了解农户的家庭情况、生产发展情况、是否遵纪守法等，进而对农户是否守信用进行评价，根据评价结果进行授信，给农户发放贷款。以前建立的信用体系，还存在信息不全面、更新不及时、评级不准确等问题，现在就是在以前的基础上，深化升级，力争建立更完善的信用信息系统，让金融机构更好地了解农户，评估农户的信用状况。

三是贯彻落实中央"五位一体"总体布局要求，以及国家治理体系和治理能力现代化的部署要求。党的十八大以来，以习近平同志为核心的党中央提出"五位一体"的总体布局。党的十八届三中全会提出全面深化改革的总目标是实现国家治理体系和治理能力现代化；党的十九届四中全会就国家治理体系和治理能力现代化进行了专题讨论，并印发了决定。巴马县把"五位一体"农村信用体系建设当成促进"五位一体"的总体布局和国家治理体系和治理能力现代化在县、乡（农村）落实落地的抓手，当成推动乡村社会治理和农村"五位一体"全面发展的抓手。

二、主要做法

巴马县通过构建"五位一体"农村信用体系，将农户的信用分值与获得的金融支持挂钩，信用分值越高，获得金融支持越多。这积极引导了广大农户和其他农村经济实体利用信用记录、积累信用财富，大力弘扬遵纪守法、诚实守信的风尚，让"要致富，先当信用户"的观念深入人心，在全县形成了"争当信用户、争创信用巴马"的正向激励机制。

图 16-1　农村信用体系建设助力乡村振兴动员会

（一）构建"五位一体"农村信用体系

从经济、政治、文化、社会、生态文明五个方面的指标为农户、新型农业经营主体、行政村、乡（镇）构建信用体系。构建积极向上的经济生态指标，充分借鉴国务院扶贫办精准识别指标体系，从住房家电、基础设施、家庭收入、家庭资产、就业创业等方面构建经济指标，全面激发农户通过勤奋努力争取高分的积极性；构建风清气正的政治生态指标，从爱党爱国爱家乡、积极入党、热心村级公共服务等方面构建政治指标，评价农户是否坚持拥护中国共产党的领导、热爱社会主义祖国，是否自觉支持基层党组织的领导；构建优秀自信的文化生态指标，从优秀传统文化传承情况、教育教学、控辍保学等方面构建文化指标，引导农户自觉传承中华优秀传统文化，自觉遵守意识形态和宗教民俗活动的相关规定；构建团结和谐的社会生态指标，从遵纪守法、尊老爱幼、道德品质等方面构建社会指标，强化社会主义核心价值观的建设；构建山清水秀的自然生态指标，从家园干净整洁、公共环保自觉、爱护公共资源等方面构建，强化生态文明建设和环境保护意识。

（二）建立信用等级评价机制

成立县、乡、村信用评级小组，制定《巴马瑶族自治县农户信用等级测评表》，根据农户信用信息，评出农户的信用分数和信用等级。以经济指标为主，充分考虑政治、文化、社会、生态文明指标，将全县所有农户信用分为 B 级和 1A—5A 级共六个等级，1A 级及以上为信用户。全村信用户达到 70% 以上、有一个好的村两委班子且全村不良贷款保持在 2% 以下的行政村，可评定为信用村。建立信用信息动态更新、自我纠错、异议处置机制，实现信用评级动态调整。截至 2021 年 12 月 31 日，全县共有 59734 户农户参评，参评率 92.77%，信用率 83.91%；共有 107 个村参评，

图 16-2　授信仪式

信用率 80.37%；共有 312 个新型农业经营主体参评，信用率 82.69%；共有 109 个村集体经济组织参评，信用率 100%。

（三）建立信用激励约束机制

一是自治县人民政府出台《关于印发巴马瑶族自治县"五位一体"农村信用体系守信联合激励失信联合惩戒实施办法（试行）的通知》（巴政办发〔2020〕43 号）及配套政策，4A 级及以上信用户，凭信用二维码可享受乘车费、门票优惠；涉农建设项目以及低保、法律援助、医疗一站式服务等政策，给予信用主体优先支持；政府购买服务、公益性岗位向信用评价更好的主体倾斜；组织人事方面，将信用等级与村两委干部选拔、党员发展、公务员招录、教师招聘等挂钩。二是巴马瑶族自治县农村信用合作联社出台《关于印发农户信用体系配套信贷授信方案的通知》（巴马农信联发〔2019〕105号），信用农户可凭信用获得5万—30万元、新型经营主体不超过150万元不等的免担保、免抵押信用额度贷款，同时信用等级越高贷款利率越低。三是广西农业信贷融资担保有限公司与中国农业银行河池分行推出"桂农担—集贷保"，应用巴马农村信用体系建设平台的信息数据，替代合作银行的贷（保）前调查工作，简化放贷流程，提高放款时效，助推农业信贷担保体系建设工作。四是自治县人民政府出台《巴马瑶族自治县金融服务乡村振兴风险补偿资金池设立方案》，信用户用于发展产业及创业就业的贷款，给予贴息补助。五是乡村振兴资金的安排与信用乡镇、信用村、信用户挂钩，信用等级越高获得政策支持越大。

图16-3   信用评级授信支持农户发展生产

三、成效反响

巴马"五位一体"农村信用体系有效助推地方社会治理，得到社会各界高度关注，《人民日报》《经济日报》《中国改革报》以及新华社等新闻媒体对该项工作进行了报道；荣获中国民生发展论坛（由人民日报社、《民生周刊》杂志社联合国家扶贫办等机构共同主办）"2019年城乡社会发展治理创新案例"；2020年，作为全区第四批改革典型经验（基层社会治理）在全区复制推广；获得广西建设面向东盟的金融开放门户十大创新案例提名名单，并列入优秀案例汇编在全区推广；2020年10月，普惠金融扶贫现场会——"五位一体"农村信用体系建设（广西巴马）现场会在巴马召开；2021年11月，河池市深化"五位一体"农村信用体系建设助力乡村振兴推进会在巴马召开。

图16-4　普惠金融扶贫现场会在巴马召开

（一）提升了农村金融供给能力，解决了农业农村发展的资金难题

缺资金是推进巩固拓展脱贫攻坚成果同乡村振兴有效衔接面临的难点，难在农户贷款额度少、需求急、缺抵押、缺担保。"五位一体"农村信用体系，给每个农户建立起"信用档案"，村民可以从经济、政治、文化、社会、生态文明等全方面"积累信用分数"，"无形的信用"成为村民"有用的资产"。金融机构基于信用评级发放纯信用贷款，实现了一次授信、随时用信、随用随贷、循环使用，贷款方便快捷，利率优惠，极大方便了农户融资需求，抑制了农村高利贷，形成了金融支持农业农村发展的长效机制，实现了乡村振兴和金融改革的有效结合。巴马存贷比由2016年的46.97％上升到2021年末的91.77％；2018年1月至2021年12月，运用信用评级结果，全县已累计发放2.82万笔共15.02亿元信用贷款，至2021年12月末，农户信用贷款余额达8.47亿元。

（二）激发了群众内生动力实现精准扶贫向乡村振兴的有效衔接

脱贫攻坚和乡村振兴两大战略的实施过程，是党领导全国人民补齐共同富裕短板的过程，也是党与人民群众血肉联系持续加强的过程，更是以党的建设高质量带动脱贫攻坚胜利实现和乡村高质量振兴的过程。"五位一体"农村信用体系，将贫困地区群众的支持政策与农户的信用积分结合起来，通过对"五位一体"诚信践行者的大力支持，有效纠正了群众"贫困户有利可图"的思想偏差，让信用变成群众看得见、摸得着的"真金白银"，引导广大群众在发展产业、推进乡村经济持续健康发展的基础上，从道德转变、价值重塑、生活方式改变、人格提升等各个方面提升自我能力素质，增强自我发展信心，不断提高发家致富的本领，真正让农村群众从"要我发展"向"我要发展"转变。县域内形成了基层党组织领导督促村民讲信用，村民监督要求基层党组织加快信用村、信用乡镇建设的互促

格局，党员干部与农民群众心往一处想、劲往一处使，乡村全面振兴事业欣欣向荣。

（三）激发了乡村活力，提高人民群众的获得感、幸福感和安全感

信用体系帮助农户摒弃陈规陋习，红色文化、长寿文化、民俗文化、生态文化等优秀文化得以广泛传承。农户积极参与"书香巴马""我们的节日"等主题活动，信用认证成为农民的"道德身份证"，"以诚实守信为荣、以见利忘义为耻"的社会风气逐渐形成。农村矛盾纠纷多发、黄赌毒屡禁不止等不良现象得到有效遏制，全县上访案件、恶性治安及犯罪案件明显下降，群众安全感满意度从 2016 年的 89.93% 提升到 2021 年 10 月

图 16-5　群众通过信用贷款发展产业

的 99.34%。全县涌现出中国好人、区市优秀志愿者、广西十大孝心人物等各类先进典型 299 名。信用体系建设引导群众自觉保护生态环境、发展生态产业，清洁优美的生态环境逐渐形成。巴马的"山清水秀生态美"名片越发靓丽，获得第五批"绿水青山就是金山银山"实践创新基地命名，是广西唯一县份。生态村从 2016 年的 15 个增至 2021 年的 82 个，巴马燕洞镇交乐村等多个村获评"全国文明村镇"，甲篆镇平安村等多个村被评为"美丽广西"乡村建设示范村，巴马镇赐福村坡类屯、百林乡那莫村同贺屯等多个村屯被评为广西"绿色村屯"；全县所有乡镇发展了林下养鸡、食用菌、山茶油等生态产业，打造产业兴旺、生态宜居、乡风文明、治理有效、生活富裕县域新农村。

（四）优化了投资环境，推动了县域经济高质量发展

"五位一体"农村信用体系建设过程也是"信用巴马"宣传引导过程。信用环境的不断优化扩大了巴马的有效投资，投资项目从 2016 年的 16 个增加到 2021 年的 131 个，计划投资额从 101 亿元增加到 851.5 亿元，带动巴马经济步入高质量发展轨道。2016 年至 2020 年，巴马 GDP 从 37.20 亿元增加到 82.99 亿元，人均 GDP 从 16107 元增加到 35225 元，年均增长 9.4%，位居全区全市前列；县级组织财政收入从 2.56 亿元增加到 6.73 亿元，平均增速在全区 111 个县（区、市）中分别排名第 3 位和第 7 位，在所有县中排名第 1 位。

（五）创新了乡村治理体制机制，有力推动乡村治理能力现代化

以"五位一体"农村信用体系为抓手，以创新理念推进乡村治理的体制机制，以协调理念推进乡村经济建设与乡风民风的协调发展，以绿色理念推进美丽乡村建设，以开放理念解决乡村发展的内外联动，以共享理念

更好的保障和改善民生。

四、典型意义

通过"五位一体"农村信用建设，实行差别化金融等支持手段，把对农户的支持力度与其践行"五位一体"总体布局的热情程度相结合，引导群众自我管理、自我服务、自我教育和自我监督，初步形成了人人有责、人人尽责、人人享有的社会治理共同体，构建了党领导下的政治、法治、德治、自治、智治相结合的现代化乡村治理体系。

（一）创造性地构建了更加科学的农村信用体系，解决了农业农村发展的资金难题

巴马"五位一体"农村信用体系的指标体系、测评方式设计的开放式、模块化、包容性，可以实现评级结果动态更新，从而更全面、科学地测评村民的信用状况。金融机构基于信用评级发放 5 万—30 万元的纯信用贷款，实现了一次授信、随时用信、随用随贷、循环使用，该贷款方便快捷，利率合理，极大方便了农户融资需求，抑制了农村高利贷，形成了金融支持农业农村发展的长效机制，实现了长效返贫和金融改革的有效结合。通过财政资金的"无偿使用"与金融资本的"有偿使用"相结合，培养农户"信用好、有钱贷、能致富、钱要还"的市场经济意识和责任意识。

（二）创造性地将农村信用体系的应用范围从经济领域拓展到更为深广的社会治理领域

传统农村信用体系是以改善农户小额融资为目的，逐步扩大到对农村新型经营主体的支持，从而加快农业现代化的步伐。部分地区先进经验是

下调经济指标权重、引入社会指标，从经济领域拓展到了社会领域。巴马县"五位一体"农村信用体系是通过差别化金融支持的手段，把对农户的支持力度与其践行"五位一体"总体布局的热情程度结合起来，使爱党爱国、勤劳自强、文明敬业、诚信友善、环保自觉等成为凝聚最广大乡村居民的强大合力，重建乡村价值观，从而形成党组织领导的自治、法治、德治相结合的乡村基层治理体系。

（三）创造性地将"五位一体"总体布局思想在乡村基层落地生根

实践"五位一体"总体布局，离不开广大农民的积极深度践行，离不开乡村基层社会治理体系的深度构建。巴马县"五位一体"农村信用体系，将对群众而言相对抽象的政治语言转化成了看得见、摸得着的获得感，使得"五位一体"总体布局在乡村基层有了实实在在地具体的抓手，是"五位一体"总体布局在乡村基层的具体而生动的实践。"五位一体"农村信用体系在推动农业农村经济发展的同时，探索了群众自我管理、自我服务、自我教育、自我监督的方式，初步建设了人人有责、人人尽责、人人享有的社会治理共同体。

（四）创造性地建立了解决返贫的长效机制

致贫因素错综复杂，各种因素相互作用，提升贫困人口自我发展能力是贫困治理的核心目标。"五位一体"信用体系，体现了以"促进人的全面发展"理念来指导扶贫开发，在加快发展经济的基础上，从道德转变、价值重塑、生活方式改变、人格提升等各个方面进行综合治理，引导脱贫人群奋发向上。引导群众树立勤劳致富改善生活的观念，激发群众致富的主观能动性，增强自我发展的信心，不断提高发家致富的本领和能力，将脱贫由外在推动转变为内生发展。"五位一体"信用体系的建立，创新了贫困治理的体制机制，构建了系统的制度体系，是突破农村贫困治理困境的一把钥匙，形成了防止返贫的长效机制。

因此，巴马县"五位一体"农村信用体系，本质上是在坚持党的领导下，用金融的方法，将市场的契约精神与农村的"熟人社会"充分结合，探索建立了新时代解决相对贫困的长效机制，全面加强了农村经济建设、政治建设、文化建设、社会建设、生态文明建设，夯实了党在乡村的执政基础，推进了国家治理体系建设和提升了治理能力现代化。

陕西·周玉
ZHOUZHI·SHANXI

周至县乡村振兴农民学院

周至县农村实用人才培训基地

"山曲曰盩，水曲曰厔"，周至南依秦岭、北濒渭水、襟山带河，为山水形胜之地，山环水复，因以得名。总面积 2974 平方千米，总人口 69.9 万人，素有"金周至"之美誉。

周至自然生态良好，是一张乐山乐水的水墨画。拥有"中国最美县域""最具魅力生态旅游县""全国人文生态旅游基地""最美品冬地""最美揽夏地"等多项荣誉，是国家级生态示范县、国家重点生态功能区。

周至文化底蕴深厚，是一张文人墨客的行吟图。历代文人墨客在这里留下了名垂青史的锦绣文章，《道德经》《长恨歌》更是从此流传千古。楼观台、法王塔、大秦寺塔、赵公明故里、古骆国、二曲思想、集贤古乐、周至八大碗无不引人神往。

周至特色产业鲜明，是一张现代产业的英雄榜。拥有全球最大的优质猕猴桃栽植区，年产值超 140 亿元；西北最大苗木花卉集散地，年产值 6 亿元；全省第一个电商大数据平台，年交易额 48 亿元；获评"全国特色产业百佳县"。

周至群众生活殷实，是一张民生改善的幸福图。先后荣获"全国脱贫攻坚先进集体""四好农村路省级示范县""陕西省全民健身示范县""陕西省县城建设先进县"等称号，被列入全省"美丽城市"建设试点县、县域经济发展和县城建设示范县。城镇和农村居民人均可支配收入分别达 25266 元、15691 元。

陕西
周至

创办农民学院　激发乡村人才活力

陕西省周至县委组织部

2021 年以来，周至县着眼推动巩固脱贫攻坚成果与乡村振兴有效衔接，着力聚焦乡村振兴实用型人才培养，探索创办了乡村振兴农民学院（农村实用人才培训基地），有效激发乡村人才活力，以人才振兴带动乡村全面振兴，收到良好成效。

图 17-1　乡村振兴农民学院揭牌仪式

一、主要做法

（一）根植主导产业，实现"进门是课堂，出门是现场"

根据猕猴桃产业技术培训需求，依托佰瑞科技示范园、集贤镇瑞玉科技示范园等 5 个园区，按照"1 个创新区 +1 个核心区 +3 个示范区"的构架布局，总体规划面积 5000 亩，建立 1000 平方米研发实验楼，包括分子育种、生理生化、土壤栽培、植物病理、贮藏保鲜及品质分析 6 个专业实验室，立足农业产业化基础优势，围绕县域猕猴桃产业发展，精心打造现场教学点，创新运用猕猴桃产业实用技术培训"三个课堂"。即"固定

图 17-2　农民学院实地观摩现场教学

课堂"，坚持"以本土为源、以实用为基"课程构建原则，整合课程内容，调整课程结构，传授技术和经验；"田间课堂"，充分利用实践教学基地、农业科技示范园区开展现场教学，把课堂搬到"田间地头"，广泛开展猕猴桃种植关键技术培训，有效破解农技推广服务"最后一公里"和农业科技成果转化"最后一道坎"难题；"线上课堂"，坚持网络培训与日常指导相结合，指导解决猕猴桃果树在剪枝、授粉、疏花疏果、喷药、采摘等方面遇到的困难问题，只要是涉及猕猴桃产业发展的，在现场都能看得到，在学院都能学得到。

（二）专注实用技术，做好"因材施教、因教施学"

在全县基层干部、农业技术人员、农业从业者中遴选 480 名懂农业、

图 17-3　乡村振兴农民学院培训授课

爱农村、爱农民，社会责任感强的从业人员参加培训。依托西北农林科技大学、陕西师范大学、陕西佰瑞猕猴桃研究院等的师资力量，主动对接热门课程、实用课程，搭建起 14 名高校专家、专业技术人员、乡村人才相结合的师资队伍。每期培训班都根据学员对猕猴桃果树生理和土壤学、猕猴桃种植技术、病虫害防治、采后生理学等方面的兴趣需求，结合季节气候实际，量身定制特色化和针对性的培训套餐。确保培训内容既上接天线，又下接地气，既能把上级的各项政策讲通讲透，又能教给学员管用的硬招实招，真正让学员用有所学、学有所获。

（三）注重成果转化，创新"培训＋"闭环培训模式

截至 2021 年末，乡村振兴农民学院已对首批 480 名学员完成了培训。学院一直坚持"从接班培训到服务跟踪"的闭环机制，每期培训班结束后，主动牵线搭桥、穿针引线，通过合作引荐方式积极搭建学员与当地农户、农业龙头企业的交流合作平台，让学员既学到真本领，又带回好项目，推动培训成果转化运用。2022 年底，计划在培训结业的学员中遴选一批真正爱农业、懂技术的优秀学员作为县级科技特派员，进一步充实壮大农业科技特派员队伍，更好服务农村农业科技一线，为持续推动乡村振兴作出更大贡献。

二、成效反响

（一）人才队伍素质更高

乡村振兴农民学院着力打造一支下得去、留得住、用得上的乡土人才队伍，带动了全县农村实用人才实训基地、双培双带示范基地的培育

图 17-4　陕西佰瑞猕猴桃研究院科技成果展厅

力度。2021 年，全县共组织农业、电商、苗木花卉、科技等各类农村实用人才培训 145 场，10928 人次。组织科技特派员深入到贫困村、企业对接指导培训服务百余次，帮扶全县 107 个贫困村和 53 个农民专业合作社，实现了贫困村科技服务全覆盖。选聘省级三区科技人才 15 名，指导服务全县 10 余个重点企业，提升了农民专业合作社、涉农企业以及贫困户的技术服务质量和农技水平，农产品科技含量不断增强，先进实用技术应用覆盖面进一步扩大。

（二）科技成果转化更快

乡村振兴农民学院的成立为佰瑞猕猴桃研究院带来了发展机遇。为适应周至现代化农业体系发展，服务乡村振兴，研究院不断在猕猴桃标准化栽培试验园建设方案、架型模式改造、授粉技术与品种改良、病虫害防治等技术服务上刻苦钻研，狠下功夫。同时，积极参与部、省、市科研项目 20 余项，取得科研成果 14 项，采用杂交育种、航天育种和分子育种技术，创制了一大批猕猴桃新种质，育成 5 个新品种，为全省猕猴桃品种结构调整做好了良种储备。

（三）农户群众腰包更鼓

利用科技优势对乡村产业带头人进行猕猴桃产业指导帮扶，探索创新"科技＋产业"模式，对有产业基础的农户采取自愿原则，按照"品种＋技术＋产业"的运作模式，建立加盟果园，保底价收购，实现产业致富，每年收购周边农户果品 100 吨以上，惠及农户 132 户。另外，培养猕猴桃产业技术能手 10 名，承接对外技术服务，人均年增收 3 万元以上。

三、经验启示

（一）提高农民整体素质

对农民来说，素质不高、能力不强是制约农村经济发展的重要因素。因此，加强培育优秀农民，提高农民科学种植能力，提升农民整体素质势在必行。通过搭建乡村振兴农民学院育人平台，把农村优秀人才逐步培养成企业家、致富带头人、科技致富能手，通过发挥他们的传、帮、带作用，带动引领农民素质的整体提高、助力农村经济发展、农民增收。

（二）完善科技服务体系

以"做给农户看、帮着农户干、带着农户销、产销共发展"的服务模式致力于猕猴桃品种选育、技术研发、示范推广、科技服务及生产经营为一体的专业化经济实体，不断完善农户和企业利益联结机制，将分散的农户有序组织起来抱团发展，有效降低了生产成本、管理成本、销售成本，提高了市场竞争力，实现了产业收益的最大化。

（三）激发农民主观能动性

对农村、农民的事情不能大包大揽，要充分发挥其主观能动性，引导农民的观念由种养殖"靠经验"向"靠科技"转变，在农村形成学科技、靠科技发家致富的良好风尚，有效调动广大农民的积极性和主动性，变"输血"为"造血"，让农民的钱袋子更快地鼓起来，以此吸引在外有资金积累的企业家、青年农民等回归农业、投资农业，进一步助推农村经济发展，助力乡村全面振兴。

陕西·长武

CHANGWU·SHANXI

长武县位于关中西部陕甘交界，是陕西省的"西大门"。全县总面积 570.3 平方千米，总人口 18 万，是国家扶贫开发工作重点县、六盘山连片特困县、陕甘宁革命老区县和关天经济区三级节点城市。

雄踞关陇一隅的门户重地。自古为兵家必争之地，是中原通往大西北的咽喉关隘和古丝绸之路的重要驿站，素有"三秦屏障""秦陇门户"之称。312 国道、福银高速和西平铁路穿境而过。

历史文化悠久的人文高地。始皇 27 年置县，迄今已有 2200 多年历史。历史名人荟萃，既是隋朝尚书牛弘的故里，又传颂着李世民大战浅水塬的壮丽史诗。

革命薪火相传的红色圣地。老一辈无产阶级革命家习仲勋同志曾在此从事革命活动，传播革命火种。我党统一战线和民族工作的杰出领导人汪锋，曾途经长武转送密信。

物产丰饶富足的资源宝地。地处世界苹果最佳优生区，被誉为"中国苹果之乡"。境内已探明煤炭储量 58 亿吨，石油储量 2.6 亿吨，煤层气储量 212 亿立方米。

自然风光优美的生态绿地。境内两塬三川，林木葱茏、风光秀丽、气候宜人，是名副其实的"天然氧吧"。空气质量优良以上天数一直保持在关中 67 个县区前五。

亲商安商富商的投资洼地。大唐、淄矿、陕煤等知名企业先后投资兴业，诸多工作走在了全市乃至全省的前列，县域经济呈现出发展提速、结构优化、效益倍增的良好局面。

近年来，紧扣"一城三基地"定位和建设"富强美好"新长武目标，开创了经济社会高质量发展新局面。先后荣获全国绿化模范县、国家电子商务进农村综合示范县、国家级节水型社会建设达标县、全省平安建设示范县、全省县城建设先进县、全省脱贫攻坚工作先进县、全省"四好农村路"示范县等多项荣誉。

陕西
长武

开展"五星评定、三级创建"推进乡村振兴新实践

陕西省长武县乡村振兴局

近年来，长武县坚持以习近平新时代中国特色社会主义思想和习近平总书记来陕西考察重要讲话精神为指导，贯通落实"五项要求""五个扎实"，立足新发展阶段，贯彻新发展理念，融入新发展格局，在全县开展"五星评定、三级创建"行动，立足爬坡过坎，矢志追赶超越，奋力开启新时代乡村振兴新篇章。

一、背景起因

长武县隶属陕西省咸阳市，位于关中北部陕甘交界，是陕西的西大门。2012 年被正式列入国家级贫困县，属六盘山连片特困县、陕甘宁革命老区县，2018 年成功摘掉了贫困县"帽子"。脱贫攻坚期，累计 92 个贫困村实现出列，9092 户 31686 名贫困人口实现脱贫。农村群众"两不愁三保障"及安全饮水突出问题全面有效解决，自来水入户率、电力入户率、通组沥青（水泥）路都达到了 100%，真正实现了学有所教、病有所医、老有所养、住有所居。获得 2017 年度陕西省脱贫攻坚工作成效考核优秀单位、陕西省脱贫攻坚先进县等荣誉。

全面推进乡村振兴，是脱贫攻坚取得胜利后，"三农"工作重心的历史性转移。2021 年是"十四五"规划开局之年，是第二个百年目标的奋斗起点。如何进一步巩固拓展脱贫攻坚成果，把短板补齐、把长处做强，接续全面推进乡村振兴，成为摆在基层干部群众面前一道新课题。从县级层面来说，就是要把短板找准、对症下药，这也成为开展好乡村振兴工作的前提。

长武县委、县政府认真聚焦聚力"五大振兴"二十字方针总要求，精心谋划、精准聚焦、精确发力，在全县开展"五星评定、三级创建"行动，按照"细化指标定标准、摸清底子做计划、星级创建补短板、明确重点抓示范、打造品牌树标杆"五步走方式，对全县 133 个行政村分类推进、梯次提升。用五年时间，将全县 133 个行政村建设为达标村、创建示范村 39 个、打造标杆村 7 个。走好走稳长武路径，奋力开启新时代乡村振兴新篇章。

二、主要做法

（一）对标对表、细化量化，创建标准科学务实管用

坚持以二十字方针总要求为遵循，结合《长武县关于推进巩固拓展脱贫攻坚成果同乡村振兴实现有效衔接的若干措施》和《长武县巩固拓展脱贫攻坚成果同乡村产业振兴有效衔接工作实施方案》等 9 个专项实施方案，坚持精准务实、科学有效的原则，细化创建标准、梳理任务指标。"五星评定"：就是对标"产业兴旺、生态宜居、乡风文明、治理有效、生活富裕"五个方面的要求，每个方面设置五个具体指标，一个方面全部达标评为一星，五个方面全部达标评为五星，即为达标村。"三级创建"：就是按

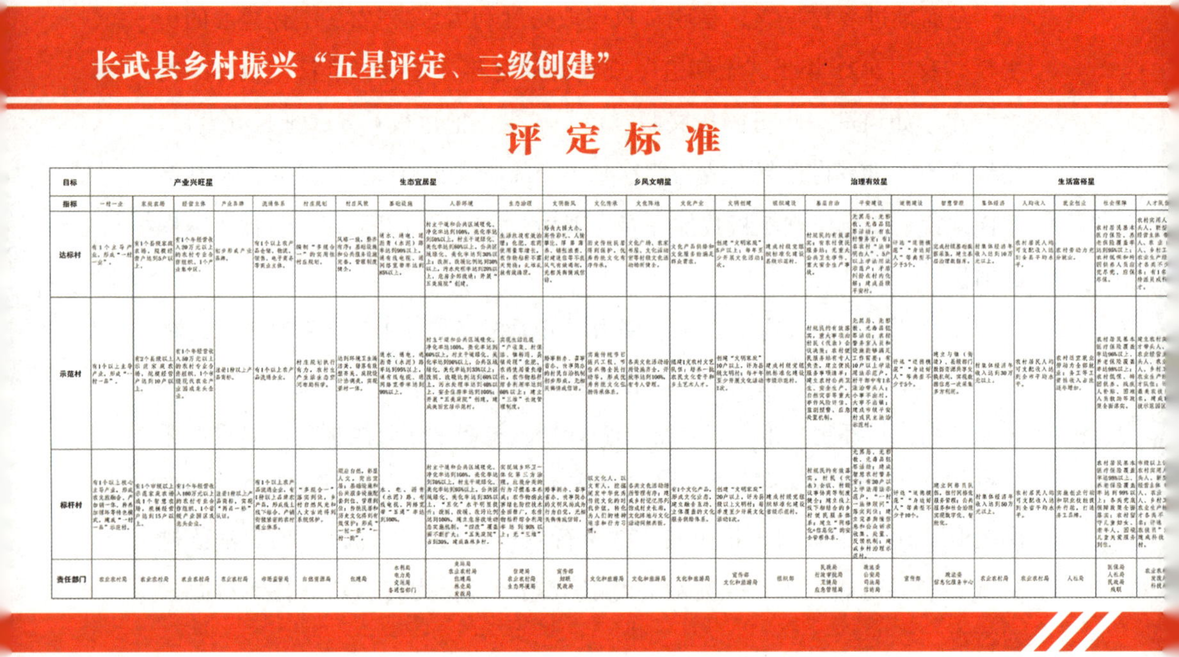

长武县乡村振兴"五星评定、三级创建"

评 定 标 准

目标	产业兴旺星					生态宜居星					乡风文明星					治理有效星					生活富裕星				
指标	一村一品	星级庭院	经营主体	产业融合	品牌培育	村庄规划	村容村貌	基础设施	人居环境	生态治理	文明新风	文化传承	文化阵地	文化产业	文明管理	组织建设	基层自治	平安建设	政策宣传	管理服务	集体收入	人均收入	就业创业	社会保障	人才支撑
达标村																									
示范村																									
标杆村																									
责任部门																									

图 18-1　长武县乡村振兴"五星评定、三级创建"评定标准

照达标村、示范村、标杆村三个级别逐步提升，在达标村的基础上，如果某个方面特别突出，即达到某方面示范村标准；多个方面均非常突出，实现融合发展，即达到标杆村。

（二）摸清底子、开出方子，创建计划定位准可实现

县上组织各镇（街道）对全县 133 个行政村进行了全面摸底，精准掌握各村 5 个方面 25 项指标达标情况，准确定位每个村的发展方向，为全县实施分类推进、精准施策找准了依据，科学建立了县镇两级各年度创建计划。总体上进行分析，按照获星数量，即发展水平和层次来看，全县有一星村 29 个、二星村 66 个、三星村 22 个、四星村 8 个、五星村 8

个。二星村占到全县的 49.6%，一星村占到 21.8%。按照获星类别，即发展特色和重点来看，产业兴旺星 57 个村、生态宜居星 82 个村、乡风文明星 88 个村、治理有效星 51 个村、生活富裕星 19 个村。获得乡风文明星的村最多，其次是生态宜居星。从这些数据分析来看，多数村的底子仍然较为薄弱，工作重心需要放在产业发展、集体经济发展、乡村社会治理等方面。

（三）分类推进、补短强弱，创建基础过硬的达标村

创建达标村是最基础的任务，也是开展后续示范提升的基础。我们坚持既不拔高标准、提不切实际的目标，又不降低要求。各镇（街道）负责辖区各村创建工作的组织实施，对标 5 个方面 25 项指标，找差距、补短板、强弱项、夯基础。县农业农村、住建、生态环境、组织部、宣传部、政法委、人社局等依据现有政策标准，制定专项创建计划、认定办法和评星标准。开展常态化指导、每季度进行调度、年终进行验收认定，对于符合要求示范村、经营主体、家庭以及个人，下发文件证书予以认定。

（四）重点突出、发挥优势，创建特色鲜明的示范村

示范村则必须有一定的示范效应，要求在乡村产业、生态环境、乡风文明、治理有效、生活富裕等某个领域形成了一定的规模或有鲜明的特色。亭口镇宇家山村，是 2021 年重点创建的生态宜居示范村，也是咸阳市乡村振兴示范村。因为地处煤矿采空区，于 2013 年开始进行整村整建制搬迁，2017 年一期建成入住，2022 年 6 月二期可交房入住。新建搬迁社区统一设计为两层花园式洋房，超前规划，打造农村居民全新生活方式。水电路讯网等基础设施一次配套，便民服务中心、文化活动广场、村卫生室、村办公阵地等公共服务一应俱全。荣获"全国改善人居环境示范

村""省级卫生先进村"等称号。

（五）优化布局、树立品牌，创建融合发展的标杆村

标杆村重点在于融合发展，放大优势，打造在全县乃至省市都具有代表性的特色品牌，走高质量发展的新路子。巨家镇四合村是县上确定2021年创建的第一个也是唯一一个标杆村，计划创建为种养加（果畜）融合发展标杆村。该村以"党支部＋公司"模式，流转土地1200亩，建成优质华硕、瑞阳、瑞雪为主栽产品的苹果基地，被评为省级农业科技示范园。年产量达到120万吨，销售额840万元。并建有农产品电商体验店，延伸了产业链，提高产品知名度。同时该村禽畜养殖业发展较好，猪存栏400余头、羊存栏700只。利用畜禽粪便及废弃菌棒发酵自制为有机肥，循环用于果园施肥，实现了环保效益和经济节约双赢。

图 18-2　杨凌农高会长武展台

三、成效反响

2021 年以来,长武县以"五星评定、三级创建"行动为载体,全面推进实施"十村示范、百村提升"工程。全县 133 个行政村,已经创建 16 个"五星"达标村,其中有 8 个已经基本达到示范村标准,1 个标杆村正在顺利推进。

(一)实施产业示范工程,让农民更有奔头

一是加大项目投入。利用中省市县财政衔接补助资金 6302.63 万元,实施产业项目 193 个,大力实施绿色高效"吨粮田"建设工程、高产高效"万元果"攻关工程、百万元农村合作社培育工程、村集体经济培育壮大工程等 6 大工程,推进乡村产业高质量发展。二是强力推进现代苹果产业建设。亭巨万亩现代果业园区创建为省级现代农业示范园。该园区辐射带动亭口、巨家 2 个镇 18 个村 4 万亩成龄果园转型升级,年用工人数稳定在 4 万余人次,带动周边 2000 多名群众,实现增收 320 余万元。县财政每年列支 1000 万元果业发展基金,全面搭建"资源整合、技术服务、产品销售、金融支持、物流仓储、产品加工"等平台,延伸苹果产业链,推进苹果产业二次振兴。2021 年新建高标准果园 7246 亩,建成以巨家镇四合村等"万元果"攻关示范村 51 个。三是积极推动乡村振兴重点帮扶村产业建设。亭口镇二厂村是咸阳市乡村振兴重点帮扶村,先后引进陕西鑫响驴业有限公司、陕雪面粉厂、陕西新秦农农业有限公司,建成了肉驴养殖基地、驴肉加工厂、面粉加工厂、大棚蔬菜种植基地、蛋鸡养殖等基地。该村建成 114 千瓦的光伏发电项目,村级集体经济年收入约 26.7 万元。四是加快推进电商产业发展。县财政设立专项资金用于扶持电商产业

图 18-3　长武县绿资农业电商展厅

发展，通过"一站式"证照办理、免费培训、法律咨询、摄影美工和基础
互联网接入、小微企业优惠和一系列"奖补"措施，支持电子商务产业发
展。全县已注册电子商务业务范围的市场主体 64 家。形成县有园区、镇
有中心、村有站点的电子商务服务网络体系，成为带动长武农村产业融合
和经济社会发展的新型发展模式。

（二）实施村庄整洁工程，让农村更加美丽

生态宜居是美丽幸福的底色，生态振兴是实现乡村振兴战略极端重要
的一环。长武县牢固树立"绿水青山就是金山银山"的理念，坚持走绿色
发展之路，推进农村人居环境整治提升五年行动，扎实开展农村"厕所
革命"、生活垃圾治理、污水治理以及村容村貌提升，实现城乡环卫一体
化。全县累计建成卫生厕所 17670 座，整村改厕 16 个。实施农村清洁取
暖 32780 户，整村改暖 102 个。推行"户分类、村收集、镇转运、县处理"

的垃圾处理模式，133个行政村生活垃圾全部得到集中收集、定时清运、定点处理。建成农村污水处理站15座，完成生活污水治理村庄35个。

（三）实施文化惠民工程，让乡风更加文明

一是传承红色基因。长武县依托亭北村革命活动旧址红色资源，积极宣传老一辈革命家在长武的英雄事迹，以老一辈革命家精神为时代新人"补钙"，用看得见、感受得到的"红色基因"为乡村振兴强心铸魂。被咸阳市委党史学习教育领导小组办公室命名为咸阳市党史教育基地。二是弘扬孝道文化。彭公镇孝村是咸阳市文明村、全国民主法治示范村。因孝子刘霞的传统文化故事而得名，该村把孝道文化作为村里的文化品牌，坚持以"孝"治村，建成孝文化广场，包括刘霞雕像及故事传说文字介绍、喷泉广场、"孝"文化壁画长廊、戏楼、村门楼等设施，成为村上群众文化活动的阵地。三是坚持文化自信。长武县把培育文明乡风、良好家风、淳朴民风作为重大工程，为乡村振兴注入文化自信。坚持"送文化"与"育

图18-4　长武县彭公镇孝村文化广场一角

文化"相结合，"硬指标"与"软实力"同提升。开展"美丽乡村·文明家园"十个一创建工作，全县 133 个行政村农家书屋、文化广场、新时代农民文明实践中心、道德讲堂、文化广播室等实现了全覆盖。截至 2021年末，全县已经创建省级文明镇 1 个，市级文明镇 5 个、文明村 16 个。8个镇全部达到县级文明镇标准，县级文明村达到 65%。

（四）实施人才兴长工程，让发展更有底气

一是建立党委联系服务专家人才制度。组建专家服务团，深入一线帮扶农民群众科技攻关、人员培训，开展"专家人才下基层"服务活动。创建市级"特色产业专家工作站"1 个、县级"特色产业专家工作站"4 个，引进知名专家 19 名。命名表彰县管拔尖人才 27 名，每年给予 3000 元生活补贴。二是落实人才工作专项经费。县财政安排 200 万元专项经费，吸纳长武籍退役军人、高校毕业生、在外成功人士等返乡创业，大力培育农

图 18-5　长武县枣园镇西河村金丝皇菊采摘

村致富能手和乡村振兴带头人，让乡村发展后备力量更加充实。三是实施"双培双带"工程。把掌握一两门实用技术的农村党员，培育为农村优秀致富能手和乡村振兴带头人。截至 2021 年末，全县培育农村创业致富带头人 330 名，带动培育本土人才 600 余名。四是坚持人才下沉科技下乡。整合农技、果业、畜牧等农业专技人才，通过科技特派员、产业指导员等形式，统一安排分配，下沉田间地头，实现了各村农业生产技术服务全覆盖。

（五）实施党建引领工程，让乡村更加和谐

一是推进党组织标准化建设。以省级标准化示范村为样板，推进村级党组织标准化建设"8133 双无双全"提升行动，全面实施阵地提升、雏燕孵化、阳光村务、党群连心等"六大工程"，推行"强村带弱村、支部联支部"结对共建行动，确保村村达标、镇镇过硬。2021 年共创建省级示范村 5 个、市级示范村 17 个。二是推进"三治融合"。坚持党建引领，推进"自治、法治、德治"融合，在各村成立了"村民议事会、道德评议团、矛盾调解室、红白理事会、新时代农民讲习所"等自治组织，积极发挥党员、乡贤群众作用，引导农民群众进行自我管理、自我服务、自我教育、自我监督，不断创新乡村治理体系。三是发挥党员模范带头作用。结合党史学习教育"我为群众办实事"实践活动，建立了"爱心协管员"制度。全县 157 名"爱心协管员"中党员有 66 名，负责监测管护全县 645 户弱势群体，开展探访 4000 多人（次），解决"急难愁盼"150 余件。

四、典型意义

（一）建立责任明确、齐抓共管的指挥体系是乡村振兴"五星评定、三级创建"行动的基本前提

习近平总书记强调，"各级党委要扛起政治责任，以更大力度推动乡村振兴"。长武县加强县镇村组织领导体系和阵地建设，实行"两网两图两表两机制"的挂图指挥，两网：即领导小组组织网络、监测帮扶网络；两图：即防返贫监测和帮扶工作流程图、实施乡村振兴战略规划图；两表：即乡村振兴"五星评定、三级创建"年度计划表、防返贫监测帮扶对象监控表；两机制：即领导小组办公室运行机制、县级领导包抓联系点制度。全县 10 个示范村、6 个推进村、2 个省级重点帮扶村，每个村有包抓联系的县级领导。全面夯实镇（街道）的属地责任、县级行业部门的属事责任，以及各级领导干部抓落实责任。

（二）建立目标明确、任务具体的考评体系是乡村振兴"五星评定、三级创建"行动的关键环节

把二十字方针总要求五个方面，分解为 25 项指标。对每项指标，由行业部门再细化分解，制定专项工作目标、年度计划、评价细则等，确保事事到村、到户、到人、到点，确保镇村基层干部可操作、有依据。包括"一村一品"示范村、生态宜居示范村、精神文明示范村、平安创建示范村、党组织标准化建设示范村等 8 项示范村认定工作，以及新型农业经营主体带头人、农业经理人、"道德模范""文明家庭""身边好人"等 12 项评选认定工作。

（三）坚持规划引领、项目优先的工作原则是乡村振兴"五星评定、三级创建"行动的重要保障

2021 年是乡村振兴规划年。长武县坚持规划先行，县财政列支 50 万元，聘请专业设计公司，对部分示范村进行规划编制工作，做到一张蓝图干到底。同时，示范村、重点帮扶村加大政策倾斜，做到在人才干部上优先选配、在要素配置上优先满足、在资金投入上优先保障、在公共服务上优先安排等"四个优先"。2021 年以来，对 10 个示范村安排项目 33 个，资金总量 2812.5 万元，主要用于产业发展、基础设施和公共服务配套、人居环境整治等方面。

（四）坚持因地制宜、因村施策的工作模式是乡村振兴"五星评定、三级创建"行动的根本举措

长武县属渭北典型的黄土高原沟壑地貌。泾、黑、南三条河流，将县境土地切割为长武塬、巨路塬和枣园塬三个部分。133 个村地形地貌、资源条件、公共服务水平、人文环境等各有差异，实施乡村振兴战略不可能一个模子、一个标准。必须充分发掘自有资源禀赋，坚持宜农则农、宜工则工、宜商则商、宜文则文、宜游则游，计划到 2025 年，创建种养加融合标杆村 3 个，农文旅融合标杆村 3 个，产供销融合标杆村 1 个，立足实际分类有序推进。

中国安能建设集团有限公司，是由武警水电部队转隶组建的一家中央企业。60多年来，建设电站、造福人民、抢险救援、服务国防，在共和国建设历史和人民军队发展历程中书写了壮丽篇章。

赓续红色基因的光荣之师。武警水电部队的历史可追溯到1928年成立的工农革命军时期，是一支经历过革命战争洗礼的英雄部队。1952年，正开赴抗美援朝战场途中的华东野战军步兵一部，就地改编为水利工程部队投入治淮战斗。1966年组建中国人民解放军基建工程兵水电部队，1985年列入武警部队序列，2009年纳入国家应急救援力量体系。一代代水电官兵始终做到铁心向党、一心为民、攻坚克难、敢打必胜，用青春热血铸就了"水电铁军精神"。

驰骋经济战线的雄师劲旅。中国安能深耕水利水电建设行业60余年，建成了新中国第一座水电站和世界海拔最高的水电站，是全军唯一一支参加三峡工程、南水北调、西电东送、西气东输、青藏铁路等五大跨世纪工程建设的队伍。在国内外300余项大中型项目建设中，多次荣获"鲁班奖""詹天佑奖""国际里程碑工程奖"等顶级大奖，创造了多项军队之最、全国之最、世界之最。

彰显国家力量的救援尖兵。中国安能始终坚持以人民为中心，牢记习近平总书记"全力干好维稳大事"政治嘱托，把抢险救援作为神圣使命扛在肩上。先后出色完成了唐山大地震抗震救灾、九八长江抗洪、汶川抗震救灾、南方抗冰保电、江西唱凯堤决口封堵、甘肃舟曲泥石流抢险、东方之星沉船救援、金沙江堰塞湖抢险、鄱阳湖决口封堵、河南抗洪抢险等270多次重大抢险救援任务。

投身改革大潮的央企新军。2018年9月1日，武警水电部队集体退出现役，改编为非现役专业队伍，组建国有企业。集团公司立足发挥军转企业的政治优势、政策优势、专业优势和后发优势，以"致力成为在应急救援和工程建设两个主战场具有独特地位作用的现代化企业"为战略目标，按照"一基两翼""四个建成""四个依托"路径办法和"分两步走"阶段性目标，确保在新起点新征程上育新机、开新局。

百炼成钢的中国安能集团将传承人民军队血脉基因，发扬"水电铁军"精神，在经济建设和应急抢险两个主战场，彰显共和国脊梁风范、体现国家队使命担当，书写无愧于时代和历史的崭新篇章！

安能
集团

致力风貌提升　打造乡村宜居新家园

中国安能集团

中国安能集团发挥"铁心向党、一心为民、攻坚克难、敢打必胜"的水电铁军精神，响应国家号召，履行央企社会责任担当，积极参与乡村振兴战略实施，通过乡村风貌提升工程，助力地方实现了乡村宜居宜业的基本目标，为实现乡村振兴打下了坚实基础。

一、背景起因

党的十九大报告指出，农业农村农民问题是关系国计民生的根本性问题，必须始终把解决好"三农"问题作为全党工作的重中之重，实施乡村振兴战略。注重乡村节点景观塑造，打造地域特征鲜明的乡村风貌是实施乡村振兴战略的重要任务之一，为助力乡村振兴，创新乡村环境治理，改善农村人居环境，提高农房建设水平，中国安能集团第一工程局响应国家号召，履行央企社会责任担当，参与乡村振兴战略实施，承接平南县"两高"沿线乡村风貌改造建设设计采购施工总承包项目。

该项目是中国安能一局首个"乡村振兴"项目，也是转企后首次中标的建筑工程 EPC 项目，主要是对苍硕高速、南广高铁、柳梧高速、荔玉高速等路线沿线乡村进行风貌改造，改造内容包括屋顶改坡、外墙面造型改造及美化、建筑首层使用合理化改造、部分院落围护结构整修、现有构件保留性翻新及轻度改造，对危旧门窗拆改、更替性拆除或修形和补砌等。涉及苍硕高速（平南段）4 个乡镇（大洲镇、大安镇、大新镇、镇隆镇）、南广高铁（平南段）3 个乡镇（大安镇、武林镇、镇隆镇）、柳梧高速（平南段）6 个乡镇（东华镇、安怀镇、大鹏镇、官成镇、国安瑶族乡、思旺镇）、荔玉高速（平南段）3 个乡镇（官成镇、马练瑶族乡、思界乡），改造房屋约 20740 套，惠及数十万人口。

二、主要做法

中国安能一局南宁分公司收到承建任务后，立即抽调精干力量组建项目部，先行组织试点屯总结经验、磨合战法，立足实际借智借力，向业主学、向劳务队学、向工人学，在较短的时间里就熟悉了相关标准、技术指标和行业要求。全面加强项目管理，全力组织施工生产，创新乡村治理，改善农村人居环境，提高农房建设水平，为塑造"传承文明，桂风壮韵，生态宜居，和谐美丽"的新风貌贡献了安能力量。

（一）党建促生产，强化央企责任担当

项目部全体党员干部佩戴党员徽章、扛党旗，以"一名党员就是一面旗帜，一个支部就是一个堡垒"的斗志，全力奋战施工一线，提升乡村风貌，打造宜居家园，从党员干部做起，在当地受到了极高评价。并且在当地党委政府的牵线搭桥下，主动与沿线所在村屯党支部建立联建共建关系，与贵港市住建局机关开展"乡村风貌提升，助力乡村振兴"主题党日活动，与驻地大安镇长塘村委、平南县第五中学、大安镇新儒中心学校、中国农业银行平南县支行等党组织结成联创共建对子。共同开展党史教育

图 19-1　南宁分公司学习贯彻党的十九届六中全会精神

学习、红色资源整合，较好的夯实了党的理论在一线村屯落地生根，提升驻地群众理论水平，丰富群众精神文化，传承红色基因，助力乡村文化振兴。以党建促生产，强化了央企责任担当，为村民打牢了思想基础，发挥了党支部战斗堡垒作用。

（二）合理化设计，结合文化突出特色

广西地处祖国南疆，古属百越大地，自然环境得天独厚，喀斯特山水地貌巧夺天工，青山拔地而起，江水蜿蜒曲折，森林浩瀚苍翠，洞奇谷幽。广西悠久的历史与独特的环境孕育了深厚的民族文化底蕴和文化传统，12 个世居民族和谐交融，民族风情浓郁多姿，百越文化、中原文化、海洋文化、少数民族文化多元交织，文化艺术绚丽多彩。广西传统乡土建筑具有丰富的民族与地域文化特点，各种建筑异彩纷呈，传统建筑形式、

图 19-2　乡村风貌民房改造文化特色

结构、材料充分结合地理气候环境特点，中国安能旨在让建筑与环境能有机融合，相互呼应，传承发扬广西优秀建筑文化，改善农村人居环境，总体结合平南县西江流域文化特色，通过对楼顶砌筑山墙、为屋顶盖设树脂瓦改斜坡，用镀锌方通、仿木生态板、檩条、斗拱做披檐，安装木窗、装窗套、设置窗花、对墙面全新喷真石漆，突出壮乡文化特色。

（三）精细抓管理，保证风貌提升有效

项目部能够提高政治站位，勇于担当、敢于负责，主动靠前工作，坚

持以进度为主线，以安全为根本，以效益为中心，以技术为支撑，通过精
细化管理，7 个月时间内圆满完成第一批工程量达 2423 户，第二批工程
量 844 栋，共涉及 4 个镇 38 个村屯的施工任务。

1. 现场管理有为。面对点多面广、十分分散的特点，项目协调、质量
把控、安全落实、进度控制等工作繁重的现状，项目部采用无人机航拍制
图及工程量计算全智能化、轻钢结构施工工法、外墙涂料产生裂缝规避方
法展开工程施工。推行"划片负责、合理调配"原则，按照"一人一个点、
三点成一面、三面为一镇"的布局，全项目部形成 6 个施工集中点，把每
一名同志分散到每个点上，奋战在材料源头、作业现场和抽检一线，随时
对存在的问题进行纠正整改，确保又好又快完成任务。同时组建安全质量
巡查组，牢牢掌握住安全、质量和进度，较好地推进项目有序有力安全
开展。

2. 成本控制有效。坚持精细化科学化管理项目，针对不同区域、不同
节点所需材料，提前进行市场询价、比对，选择最优化的材料供应商，从
源头上控制成本。同时，采取"劳务报量，我方审核，责任人确认""严
把原材质量，严控原材数量""专人负责，多人确认"等制度从材料进场
开始就进行有效地控制。在使用过程中，在保证施工安全和工程质量的前
提下，从钢材、树脂瓦的下料到搭接长度，从进场放料到施工完成，严格
控制，杜绝浪费，有效地控制了成本。

3. 安全管控有力。项目部始终坚持以习近平总书记关于安全生产的重
要指示精神为指导，坚决贯彻落实集团公司、工程局和分公司关于安全生
产的决策部署，始终秉承"安全第一、预防为主、综合治理"的方针，紧
盯项目高空作业、临边施工、人工密集等特点，强化安全生产主体责任落
实，建立健全安全管理体制和机制，全年无一起安全生产事故发生。结合
当时疫情局部反弹趋势，项目部完善了疫情防控体系，严格人员管控，加

图 19-3　乡村风貌改造施工现场

强外来人员管理，做好体温检测、查"三码"等工作，实现了疫情"零"感染的目标，为风貌提升工程奠定了坚实基础。

（四）帮扶暖人心，拓展乡村服务惠及百姓

在做好乡村风貌提升项目的同时，积极拓展服务乡村、惠及百姓活动。一是为当地创造就业岗位。乡村风貌提升项目建设过程中，主要是房屋外立面改造及相关配套工程，需要较多劳动力，且大部分工作没有太大的技术难度，搬运、粉刷等工种需求量较大，经与当地村委对接，每进入一个屯，都为所在屯提供每天 10—15 个工作岗位，经过对工作岗位对应的培训，大部分村民能够学会相应的技能，并且保证劳务报酬与本部人员一并支付，实现了为村民改善居住环境的同时为村民提供就业岗位，一举

两得。二是开展力所能及的帮扶活动。作为军转企业，转隶之前，都是人民子弟兵，转隶之后也根植这一观念。牢固树立了为人民服务的宗旨，在进驻某一个屯施工作业时，先了解村屯的基本情况，是否有孤苦老人、是否有贫困家庭、是否有失学儿童，当发现有需帮助的人群时，及时与当地村委了解情况，给予帮助。自进场以来，已先后扶助了 5 户家庭，为贫困家庭带来了温暖。

三、成效反响

这是针对乡村振兴开展的专项活动，是响应习近平总书记和广西壮族自治区有关精神的具体体现。中国安能一局积极响应，积极参与，在规定的时间完成了第一批任务。通过完成乡村风貌提升项目，形成独特品牌，为千万户百姓提升了房屋居住条件，惠及千万百姓，下到乡村田野，村民们对项目部的小伙子们赞不绝口，上到县党委政府，对安能一局"敢打敢拼、雷厉风行"的作风表示很赞赏。在实施过程中，工程质量标准高，通过为群众提供就业岗位，开展力所能及的帮扶活动，强化与当地党支部共建，真真切切为群众办实事，从前期各方反馈来看，社会效果较好，老百姓非常欢迎，把党的关怀落实到了实实在在的工作中。

从参差不齐，千奇百态，红砖绿苔的旧楼房变成了如今的桂风壮韵、和谐美丽、生态宜居的美丽新乡村。平南县大安镇的长塘、武林镇的新罗、安怀镇的白坟塘、镇隆镇的良凡上河等 19 个村屯通过对楼顶砌筑山墙、为屋顶盖设树脂瓦改斜坡，用镀锌方通、仿木生态板、檩条、斗拱做披檐，安木窗、装窗套、改窗花、立花柱，对农房进行升级改造，一座座崭新的农房整齐划一，落落大方，特色鲜明。

自治区住建厅孙忠明处长率队对乡村风貌项目进行检查验收时，对屋

图 19-4　乡村风貌改造后街景

顶树脂瓦的施工质量给予了高度评价，称之为"全区最高标准"，打出了安能品牌，树立了安能形象。在项目部全体员工的共同努力下，平南"两高"沿线旧貌换新颜，一座座漂亮的房屋征服了自治区评比专家，2021年 8 月，在全广西组织的自治区验收评比中，平南乡村风貌提升项目在全广西名列三甲，受到自治区通报表扬，并作为全区试点进行推广。

四、典型意义

乡村振兴是发展大局、国家战略，乡村风貌的提升改造，农房的翻新升级是惠民基础工程。住上好房子，过上好日子，这是老百姓最朴实的心愿，也是风貌提升项目的根本立足点。中国安能一局本着农房风貌提升既要让农户住得放心，也要让农户住得舒心的原则。坚持从农民群众的长远

图 19-5　中国安能一局在南宁基地举行比武竞赛

发展需求出发，全面统筹考量设计，保证提升的农房好看实用，又最大程度上保留"乡土味儿"。通过乡村风貌提升工程，实现农房建筑基本实现"大统一，小差异"，提高了农村房屋建设水平，打造了具有乡土韵味的村庄环境，塑造了"传承文明、桂风壮韵、生态宜居、和谐美丽"的乡村新风貌，对乡村治理具有现实意义，为乡村农房"穿衣戴帽"，实现了乡村宜居宜业的基本目标，为实现乡村振兴打下了坚实基础。

平安银行是一家总部设在深圳的全国性股份制商业银行。其前身深圳发展银行是中国内地首家公开上市的全国性股份制银行。中国平安及其控股子公司为本行控股股东。截至 2021 年末，集团在职员工共 40651 人（含派遣人员），通过 109 家分行、1177 家营业机构为客户提供多种金融服务。

平安银行以打造"中国最卓越、全球领先的智能化零售银行"为战略目标，坚持"科技引领、零售突破、对公做精"十二字方针，着力打造"数字银行、生态银行、平台银行"三张名片，为客户提供"省心、省时又省钱"的金融服务。2021 年，营业收入同比增长 10.3%；净利润同比增长 25.6%；投放产业扶贫和乡村振兴支持资金 108.67 亿元，惠及农户 13.6 万人；新增帮扶农产品销售额 0.39 亿元。

近年来，平安银行的业务发展和经营特色深受权威机构好评。2021 年，先后荣获《欧洲货币》"中国最佳家族办公室"、《亚洲货币》"2021 年度中国最佳技术创新交易银行"和"中国最佳企业移动服务交易银行"、《机构投资者》（Institutional Investor）亚太区"最受尊敬企业"和"最佳投资者关系企业"、《亚洲银行家》"年度亚太最佳零售银行"等 20 多项大奖。

平安
银行

"421"模式引领乡村振兴金融创新实践

平安银行股份有限公司

平安银行积极响应党和国家号召，践行金融助力乡村振兴战略，依托数字乡村生态圈聚焦优质区域、精准定位乡村振兴目标客户，强化金融服务投入和落地，探索出乡村振兴金融"421"新模式——通过"融资、融智、品牌、科技"四个方面赋能，推动综合金融与"三农"场景两者深度融合，打造一个集政府、农业龙头企业、银行、保险、农研院所于一体的产业振兴共建平台，实现"思想升级、产业带动、品牌打造、消费升级、生态宜居"的乡村振兴矩阵模式，为金融支持乡村振兴发展贡献力量。

一、"四"项赋能：聚焦优势助力实体经济发展

（一）融资赋能

平安银行通过"贷+债+卡"多种金融工具助力乡村打开财富密码，陆续发行"碳中和债""乡村振兴债""乡村振兴借记卡"等，践行绿色金融、支持乡村振兴。自村官工程启动以来，累计投放扶贫及乡村振兴资金 319.26 亿元，扶贫及乡村振兴项目累计惠及 87.9 万人。

1. 投资绿色金融债。2021 年 3 月 25 日，平安银行主承销中国长江三

峡集团有限公司 30 亿元绿色超短期融资券（碳中和债），并投资其中 15 亿元，用于支持乌东德、白鹤滩、溪洛渡、向家坝项目建设，助力白鹤滩水电站首批机组投产发电目标的实现，这是国内首批发行的以"碳中和"命名的贴标绿色超短期融资券。值得一提的是，2020 年 2 月，平安银行水电扶贫模式纳入联合国工业发展组织《世界小水电发展报告》。

2.首发乡村振兴债。2021 年 4 月底，由平安银行主承销的重庆医药(集团）股份有限公司 2021 年度第六期超短融资券正式发行，拟募集资金 3 亿元，是平安银行首发的"乡村振兴"债券。本次乡村振兴债发行，对满足乡村医疗机构的基础医疗用药需求，保障农村公共卫生服务水平有着重要意义，是助力国家乡村振兴战略、积极服务"三农"发展的一次金融创新实践。

3.首发乡村振兴借记卡。2021 年 9 月 23 日，平安银行在全国性股份制商业银行中首发乡村振兴借记卡，在"金融＋科技"帮扶模式的基础上，

图 20-1 平安银行首发乡村振兴借记卡

以乡村实际需求和平安特色金融服务手段为出发点和落脚点推出四大特色权益——"人身有保障""看病更便捷""农产好销路""公益新平台"，特别是为农民工代发工资账户提供保险与健康权益，与乡村建设者们携手共进，用专业服务践行有温度的金融。

（二）融智赋能

乡村振兴，关键在人。平安银行在国家农业农村部、国家乡村振兴局等部委的指导下，围绕"支持新型职业农民通过弹性学制参加中高等农业职业教育"的指导方针，创新设计出一套完整的扶智培训方案，通过"一

图 20-2　平安银行举办乡村振兴茶产业融合示范培训班

条主线、两种方式、三类基地、四大课程、五大升级"解密乡村智慧密码。近年来，平安银行已为全国 98 个县培育 8 万余名致富带头人。

1. 智慧养殖人才培育。2021 年 6 月，平安银行联合共青团甘肃省委、通辽市肉牛产业协会，在内蒙古通辽举办"乡村振兴智慧养殖人才培育班"。培训以"智慧养殖"为主题、为期五天，来自甘肃和政、武威、临洮，内蒙古兴和，广西罗城的肉牛企业、养殖大户、村镇干部等参加了培训。

2. 美丽乡村建设励志计划。2021 年 8 月，举办"美丽乡村建设，我来献计献策"励志计划，收到来自 160 所高校 455 条美丽乡村建设方案，鼓励广大青年学子学以致用。

3. 乡村振兴培训。2021 年 9 月，举办潮州乡村振兴茶产业融合示范培训班，共建产业示范基地。携手重庆市农业农村委、农业农村部管理干部学院，开办乡村振兴致富带头人培训班，规范农村集体资产、资金、资源管理。

（三）品牌赋能

品牌赋能是平安银行扶贫和助力乡村振兴的重要抓手，通过"农产 + 文旅"两把钥匙打开乡村幸福密码。

1. 优选农产品实现消费助农。平安银行根据地方特色产业，筛选优质助农产品，全流程参与农产品品牌设计、产品包装、区块链溯源、线上营销推广，帮助打造当地特色产品 IP，已打造"平安三村百宝茶油""平安橙""平安果""悬崖村平安羊"等众多品牌。截至 2021 年末已在平安口袋商城等平台上线 180 余款特色农产品，利用线上线下相融合的营销方式，实现农产品销售 9300 余万元。

2. 通过文旅践行乡村公益。2021 年 5 月 28 日，平安银行"美丽乡村 平安启橙"计划正式启动，升级公益旅游品牌，打造公益特色旅游"综艺真人秀"，带领更多平安客户、员工走进乡村，通过消费助农、爱心捐赠等方式践行乡村公益，以"权益＋公益"模式，为客户提供增值服务和慈善渠道，助力乡村振兴。截至 2021 年末，已定制设计上线内蒙古乌兰察布、四川大凉山悬崖村、湖南十八洞村、广东河源紫金县等 10 条乡村精品路线，超 2 万名私钻客户参与助力乡村振兴活动。

（四）科技赋能

数字乡村是平安银行科技赋能乡村振兴的重要体现。平安银行输出数字乡村"五个一"发展规划，即一个特色行业、一轮培训、一个数字村平台、一款主打金融产品、一组科技赋能，为乡村发展插上科技的翅膀。

1. 落地智慧养殖，实现科技助农。一是创新智慧肉牛项目。在广西罗城，平安银行用科技为当地肉牛项目赋能，配套智慧肉牛系统，打造一个资产监管和牧场管理一体化解决方案。通过运用智能耳标、无源射频技术、高清 4G 视频监控、GPRS 远程通信技术，系统实现肉牛个体的精准识别、远程视频监控、风险自动报警、养殖环境监测，提高养殖场精细化养殖水平。二是落地"科技羊"项目。在四川凉山，平安银行成功落地"科技羊"项目。四川凉山悬崖村的跑山羊戴上了羊项圈，它们的个体成长情况、GPS 定位、活动轨迹等信息将被如实记录，是名副其实的"健康羊""科技羊"。

2. 实施智慧产业园，打造助农示范点。一是落地智慧产业园项目。在四川西昌，平安银行以油橄榄种植基地为试点通过建设智慧油橄榄物联网平台，实现油橄榄生产智慧化管理；在陕西铜川，平安银行协助当地政府建设智慧果园等。二是打造科技助农示范点。在甘肃临洮，平安银行对接佳美源种植农民专业合作社菊花种植基地，打造金丝皇菊科技助农示范点。通过搭建皇菊智慧农业控制中心，布设气象站一体化设备及土壤综合

图 20-3 平安银行落地悬崖村"科技羊"项目

传感器、土壤气象环境监测设备，精准测量温度、湿度、雨量、土壤质量等环境因素，实现 365 天全天候检测分析数据；通过建设智慧农业环境监测系统及产品追溯系统，推进菊花种植与加工过程标准化、精准化，为菊花的种植提供科学依据，以数字化实现精细管理和智慧农业链条信息全打通。

  3. 实施商品溯源，夯实消费助农。平安银行通过溯源和区块链相结合，开发农产品商品溯源系统，追踪并存储农产品原产地信息、生产信息、助农帮扶信息。在消费端，用户通过扫描二维码可了解产品详细信息以及助农信息，并且将物联网信息引入到"平安云农场"线上趣味认养活动，消费者可随时随地实时查看认养作物的生长情况。平安银行为田东百色芒果、陕西铜川平安果、河源紫金茶叶、内蒙古阴山燕麦等 11 个地区

图 20–4　平安银行"美丽乡村　平安启橙"乡村文旅计划

的特色农产品，插上了科技的"翅膀"。

4.通过 VR 技术，实现数字文旅。在联动线下客户深度游的同时，平安银行通过 VR 技术实现数字文旅、推动线上数字化引流，持续实现乡村振兴与金融服务的双向赋能，为美丽乡村发展贡献平安力量。

二、"两"大融合：促进农村发展农民幸福

随着乡村振兴战略纵深推进，平安银行综合金融与"三农"场景深度融合，双向赋能、互为促进。充分发挥在科技、金融方面优势，全面掌握"三农"金融需求，不断赋能"三农"实体经济，促进农村发展，产业兴旺，农民幸福。

（一）发挥驻村干部党员引领作用，促进综合金融与农民成长融合

尹伟青是平安银行海口分行员工，自 2016 年 11 月起任海南儋州市木

棠镇兰训村驻村第一书记，也是平安致富带头人班成员。尹伟青在驻村期间，以一个党员的高度责任感，用好平安银行的综合金融优势，帮助当地解决10万枚鸡蛋滞销问题，带动村民成立"儋州三园种养殖农民专业合作社"，为村里打下产业基础。平安银行共向各地派驻了10名驻村党员干部，为当地脱贫攻坚和乡村振兴发挥了重要作用。

（二）与农村发展场景融合，促进农村基础设施和整体面貌的巨变

平安银行支持美丽乡村建设，以"政府＋企业＋银行"的合作形式，运用"传统授信＋投行发债＋综金配置"的模式协助项目落地。通过支持水电建设，为当地产业提供基本能源，改善农田灌溉、用水安全和生态环境；通过支持道路桥梁新建修缮，改善出行条件，方便运输和资源引入，实现持续增收；通过打造燕麦、茶油、油橄榄、橙子等"产业融合基地"，对接乡村优势产业的产供销环节，推动特色产业发展，扩大服务覆盖面。

（三）与农村产业场景融合，促进产业转型升级、提升产业的竞争力

平安银行积极支持重点地区、重点行业、重点企业等乡村振兴项目的发展。依托平安"金融＋科技""金融＋生态"战略，以核心企业为中心辐射产业链各

图20-5　助农产品一角

环节共同发展，利用智慧农业平台，通过互联网技术对生产环境、土地质量、天气等实施监测预测，协助农户做好精细化管理。

三、"一"个平台：为乡村产业持续造血

平安银行结合自身特色，打造一个政府指导下，集政、企、农、银、保、研于一体的产业振兴共建平台，为乡村产业持续"造血"。产业振兴大平台是以平安超强的科技实力为底色的，对此平安银行有两大利器，即空中的"星云物联网"和手中的"数字村"小程序。

（一）飞天遁地的星云物联网

2019 年，平安银行确立并实施"星云物联计划"，依托物联网、区块链、大数据等技术，打造"上有卫星、下有物联网、中有数字口袋和数字财资的开放银行数字服务生态"。同年平安银行自主搭建了星云物联网平台，并于 2020 年 12 月 22 日成功发射国内金融界第一颗物联网卫星"平安 1 号"，以卫星作为星云平台的技术补充，在供应链等领域探索和推广金融创新应用场景，通过新型产融结合的模式助力中小微企业发展，打造数字乡村。

2021 年，平安银行通过"星云物联计划"，联合物联网、AI、云计算、区块链等技术和现代化的生产资源要素建设智慧茶园，实现卫星通信与"星云物联网"技术在数字乡村的首次应用。链接"平安 1 号"之后，用户只需在手机上轻松操作，就能快速获取地面物联网设备采集的信息，一方面，有助于茶农全面直观地掌握作物生长情况；另一方面，通过系统中台完成数据处理，为茶农提供问题的最优解。在科技支撑下，智慧茶园提高了种植生产智能化、农业生产可视化水平，发展了休闲农业等数字化体

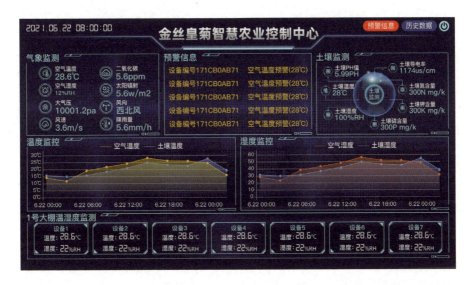

图 20–6　平安银行打造金丝皇菊科技助农示范点

验模式。截至 2021 年末,"星云物联网"链接超过 33 万台设备,形成工业互联网、车联网、仓储物流、新能源、智慧养殖等五大行业的标准化解决方案,开放平台实现 5000 多个 API 接口输出,服务企业客户数量超过 1 万。随着乡村振兴进程的持续深入,"星云物联网"将在数字乡村建设方面大有作为。

(二)包罗万象的"数字村"小程序

2021 年 10 月 18 日,平安银行隆重推出智慧乡村数字化服务平台——"数字村"小程序。针对农业产业链上的供给与需求,小程序围绕涉农生产资料、农产品金融两个维度提供交易撮合平台,聚焦基层治理、产业发展、乡村文明、人才培养、金融服务等方面议题,实现供需端资源要素的最优整合与全域流动。具体来说,"数字村"包涵乡村头条、乡村振兴卡、乡村文旅、乡村 MBA 课堂、助农商城、网点服务、优选理财、融资推荐、政府金融、生活缴费、项目集市、智慧党建、信用卡、数字农业等 10 余个模块。

"乡村头条"模块提供丰富的乡村信息、惠农服务、国家涉农政策、补贴、乡村振兴动态等最新资讯一手掌握。老乡们还可通过小程序完成生活缴费、网点预约，实现大小事网上办、马上办、少跑快办，助力新时代基层政务管理，让乡亲享受高效便捷的数字生活；"乡村振兴卡"模块为持卡人提供专属农村人身意外伤害保险、7×24 小时随时在线问诊、农产品销售增值服务、公益新平台等四大特色权益，守护乡村居民美好生活；"乡村 MBA 课堂"模块则融入了线上智慧培训，提供近 800 门线上课程，学员可以随时随地自主学习，内容涵盖农技、品牌、销售、方法论等，线上开展智慧教育培训，实现乡村知识共享和人才振兴。

总之，平安银行探索的"421"模式，并非简单的数学加减，而是一个有机的整体，并因应实际情况演变出多种"变体"，切实服务于乡村振兴。但万变不离其宗，平安银行乡村振兴金融新模式无论如何演变，始终围绕着"数字化的平安""有温度的平安"展开，不会偏移。随着乡村振兴工作的深入开展，平安银行将进一步响应中国银保监会的号召，"用高质量的金融服务促进乡村振兴"，用金融的温度和专业的力量，为乡村振兴谱写更多新篇章。

盒马网络科技
HEMA NETWORK TECHNOLOGY

盒马村

　　盒马是全球新零售的探索者，聚焦内需市场的消费新需求，创新了多种线上线下融合的消费新业态，致力于满足消费者对美好生活的向往和消费升级的需求。通过数字化重构餐饮零售消费模式，将线上、线下与现代物流融合，为消费者带来 30 分钟送达的智能购物体验。2015 年，盒马成立于浦东新区，2016 年在浦东金桥国际广场开出首家门店。截至 2021 年末，盒马已在全国 25 个城市开设约 270 家店，上海地区已开设超过 70 家盒马鲜生店及多个创新业态。

　　盒马基于消费者的需求重构产业链，深耕全球商品源头，通过零售科技将生产、加工、物流、运营等全链路数字化贯通，并将全球优质供应链体系与国内市场对接，积极参与双循环产业链的互联互通与协同协作。在国内市场，盒马已合作近 500 个基地并建成 117 个盒马村，依托技术和数据指导农业产业链升级，实现从消费者到田间地头的订单农业。在国际市场，盒马与 84 个国家建立直采合作，消费者足不出户便可享受来自全球超过 2000 个国际品牌的高品质商品。通过构建全球商品供应链体系，盒马创造了商品与服务的新供给模式，在激活国内内需市场消费活力的同时，也为全球合作伙伴带来便利化与智能化的新商业体验。

　　此外，盒马不断加大产品、服务和供给模式创新，创造了满足不同场景下新消费需求的精准解决方案。如盒马邻里、盒马奥莱、中国首个仓储式会员店"盒马 × 会员店"等。

戴庄"盒马村"订单农业
助力小农经济数字化转型

上海盒马网络科技有限公司

盒马是一个以数据和技术驱动的新零售平台，采用"线上＋线下"与现代物流体系深度融合的零售新模式。"盒马村"是指根据盒马订单，与盒马形成稳定的供应关系，推动农产品精细化、标准化和数字化改造，发展"农业＋数字化"基地的典型村庄代表。截至 2021 年 12 月，盒马已在全国 18 个省份建立了 117 个"盒马村"。随着"盒马村"的发展，逐渐形成的一种以数字化订单农业为基础的"农业＋数字化"新模式，被称为"盒马村"模式。

一、案例概况

在国家全面推进乡村振兴的战略背景下，以"盒马村"模式为代表的数字化订单农业对推进数字农业建设、促进农产品质量提档升级、推动乡村产业兴旺、助力小农户和现代农业发展有机衔接有着重要的现实意义。全国脱贫攻坚楷模江苏省句容市天王镇戴庄有机农业专业合作社研究员赵亚夫携手盒马共同在戴庄村建立了"盒马村"，与盒马开展订单农业合作，对农产品种植计划做精细化调整，打通了农村与市场需求通道。双方合作

图 21-1　戴庄"盒马村"授牌仪式

正在逐渐超出单一产品采购合作，开始拓展更大的想象与实践空间，同时也带领着当地贫困群众走出了一条苏南丘陵山区脱贫致富的小康之路。

二、主要做法

在江苏省农业厅的引荐下，盒马通过多次实地考察学习和互动，同句容市天王镇戴庄有机农业专业合作社达成合作共识，盒马与戴庄村签订"定植包销计划"，戴庄村成为江苏首家"盒马村"。

（一）制定标准，订单种植

标准化是"盒马村"农产品的一项重要指标。戴庄"盒马村"在产地环境、投入品管控、农药残留、产品加工、储运保鲜、品牌打造、分等分级关键环节制定了严格标准。一是一品一标。为戴庄每一个农产品单独建立标准，让农民在农业生产过程中有标准可依，从源头上解决农业生产的盲目性，为品牌农产品打好基石。二是特品特标。不断细化特色农产品标准，使产品表征能够统一。比如，水果的甜度、直径、成熟度等都有严格的标准和分类。三是反向修标。根据盒马对消费市场的客户反馈数据，采取了"C2M"柔性反向定制机制，同时，根据反馈反向修订标准。四是全链定标。对农产品加工、物流（冷链运输）、仓储以及分拣、包装和检测都制定并执行了严格标准。五是农残检测全覆盖。对戴庄上市的每个品种都做农残检测，确保产品品质，全力打造消费者认可度高的优质品牌。六是积极开展有机认证。戴庄已取得中绿华夏、南京国环有机认证的产品10 个，认证面积 1267 亩，有机水蜜桃、茶叶、畜禽、蔬菜、草莓、山芋

图 21-2　村民在检查有机绿叶蔬菜种植

等农产品广受青睐。

（二）挖掘资源，优化产品

戴庄在与盒马签约前就是个生态村，已连续四年不用任何农药，形成"森林＋野生动物"的自然林业生态系统，生物链趋向完善。在此基础上，戴庄"盒马村"深度挖掘本土资源，不断优化特色农产品，推动戴庄品牌农产品进入新零售领域。

1.挖掘"霜打菜"产品。"霜打菜"是采用露天种植，自然生长自然成熟，每年等到落霜再收成，经霜打自然甜，是南京人熟悉的记忆中的味道。为了让更多城市消费者能吃上这一时令鲜蔬，戴庄"霜打菜"成为盒马冬季蔬菜系列。

2.推动"娇气"农产品上市。所谓"娇气"农产品是指味道好、口感好，难保存、难运输的果蔬产品。盒马坚持供应链、中间商的降损目标不能成为老味道远离消费者的理由。因此，圆白茄子、沙瓤西红柿等戴庄的"娇气"农产品有了销路，并且卖出了好价格。

3.积极推动源头产品更新迭代。戴庄"盒马村"对源头产品不断更新迭代，将更多常规供应链"不敢"做的老品种盘活，把优质农产品源源不断推给消费者，让更多的消费者吃到小时候的味道、吃出家乡的情怀，也因此构筑了自身生鲜业务的差异化壁垒。

（三）数字赋能，精准供给

盒马充分利用自身数字技术优势，根据消费需求大数据指导戴庄布局农业特色农产品生产，实现产销精准对接、精准供给。一是根据需求反推供应。过去农村种植凭经验、靠感觉，感觉什么好卖就种什么。现在通过大数据分析，从需求反推供应，消费者喜欢什么，就种什么。二是根据需

图 21-3　戴庄"盒马村"有机蔬菜水果种植区

求塑造产品。通过后台大数据分析精准识别消费者偏好和需求。一方面，针对消费者的某一类型需求，将符合这类需求的产品做到极致；另一方面，将消费者多个类型需求融合创造出可以满足复合型需求的新产品。三是根据需求分季上市。盒马在这个过程中不断给戴庄市场反馈，与戴庄共同探索出按季节以销定产的合作模式，农户只管种出符合标准的农产品，盒马则负责戴庄商品的推广和销售。

（四）配套服务，延长链条

盒马同戴庄当地专业协会和专业合作社进行密切合作，不断强化农产品配套服务体系建设，延长产业链条，提高农产品附加值。在盒马的大力支持下，戴庄合作社先后建成了有机果蔬加工中心、有机大米加工厂、有

机茶叶加工厂、有机稻酒厂和农
机服务站，实现了农产品采摘、
分拣、加工、包装、仓储、物流
（冷链运输）等配套服务集中经
营、市场化运作。

有了"盒马村"，农民再不愁
销路，截至 2021 年末，"赵亚夫"
牌农产品共有 44 个 SKU 及"赵
亚夫有机越光米"进入盒马销售
渠道，2021 年戴庄蔬菜在盒马销
售近 320 万元。

三、成果展示

三年来，依托盒马的订单农
业，戴庄"盒马村"村民年收入
从原来的 5 万元，翻番至 2021 年

图 21-4　戴庄"盒马村"上架盒马的"赵
亚夫"商品

的 13 万元，增幅达到 61%。依托盒马的品牌知名度，吸引商超供应商到
当地采购和投资发展，每年直接拉动当地经济产值约 260 亿元。

戴庄"盒马村"通过订单农业探索出一条适合老区发展的科技兴农、
以农富农的共同富裕之路。一是发展高效农业。盒马村高效农业种植面积
达 2400 亩，实现亩均效益 8000 元以上，培养了一批种植大户，让一部分
农民先富了起来。二是发展加工农业。盒马同当地成立专业协会和专业合
作社进行合作，对果蔬加工中心、有机大米加工厂、有机茶叶加工厂大力
支持，实现集中经营，市场化运作，带动了一大批农民共同富裕。三是发

展有机农业。盒马根据市场趋势分析推动有机果蔬的种植，创建有机农业产业园区，试点生态农业，并以戴庄为中心，向周边辐射。戴庄村 600 多户农户共种植 4000 多亩有机水稻、有机果蔬。

赵亚夫通过戴庄"盒马村"帮扶方式形成的"戴庄经验"，得到了江苏省委省政府以及国务院扶贫办领导的肯定，在江苏全省得到推广。贫困户通过盒马和合作社就能享受合作社的资金、技术、销售、农机作业等服务，再穷的贫困户，即使是弱劳力，也能因种上高效省力的有机水稻而很快脱贫。2021 年，80 岁的赵亚夫作为全国脱贫攻坚楷模登上最高领奖台，习近平总书记亲自为其颁发奖状。

如今的戴庄村，有机农业有效支撑了农产品加工产业可持续发展，加上精心打造的观光旅游线路，一二三产融合发展，园区变景区，农产品变

图 21-5 "盒马村"越光米种植区

旅游商品，增收后劲越来越大。集体经济收入已从负债 80 万元逐步提高到了年收入 400 多万元（含公积金），积累的集体固定资产达 1500 万元，在茅山老区已属第一方阵。戴庄村被农业部评为全国最美休闲乡村，被环保部两次核定为有机食品基地，被农业部两届评为全国示范农民合作社。

四、案例总结

"盒马村"发展至今，已经形成了基于数字化订单农业，"产—供—销"一体化，运营较为灵活的多元组织模式。该模式的参与主体除了盒马、农业企业、合作社和农户以外，地方政府起到了牵线搭桥的作用。"盒马村"模式及其特征可以总结为以下几点。

一是协同地方组织，强化区域合作。盒马与合作社或公司等供应商形成长期稳定的协作关系：盒马负责品牌营销，合作社或公司重点关注农业技术升级和品控，农户负责按订单进行标准化生产，由此确保了生产端与需求端的高质量衔接。合作社或公司与盒马共同定价，合作社或公司对基地农户实行保底工资加提成分红，使得每个参与主体都能从高端农业的增值中受益。不同的"盒马村"在参与主体的协作和一体化的模式上也存在一定的差异。比如，四川美姑县九口村"盒马村"更多依赖集体经济和政府扶持，通过盒马销售的美姑山羊着重体现地域和产业扶贫特点；山东淄博李鸣凤村"盒马村"更多依赖市场，企业打造自有品牌"纽澜地"高青黑牛，将生产、物流、屠宰、加工、分包等环节完全整合，实现产、供环节的数字化品控；武汉强鑫蔬菜与盒马鲜生合作，主打日日鲜品牌，通过盒马销售大数据进行农产品的高效精确供给，公司负责农产品的物流、分拣及包装。

二是采取"C2M"柔性反向定制，通过客户反馈达到精准供给与数字化生产。盒马将相关的销售大数据实时与合作社或公司等供应商共享，有助于合作社或供应商灵活调整生产和出货量，有效降低了供给和需求不匹配的风险，节约了仓储成本，降低了损耗。盒马从种植基地的物联网终端，到农产品供应链的数字化加工、分包，以至消费端的大数据营销，逐渐构建起产供销智慧衔接的新格局，并辐射到种植基地外的小农户，推动当地农户蔬菜供应的数字化进程。

　　未来，盒马将继续与戴庄签订"定植包销计划"，戴庄的全部品项将继续在盒马上架，同时尝试在戴庄种植其他畅销优势品种。一方面解决当地村民种菜的销路，另一方面让市民吃到小时候的味道。截至 2021 年末，"盒马村"已经成为全国各地特色农产品种植的试验田，不只是戴庄村，还有上海崇明岛上用无人机喷洒农药的翠冠梨基地，四川丹巴独有的黄金荚，重庆纯天然的莼菜养殖基地，都是"盒马村"发展特色农产品的例证。当下，国家制定出振兴乡村的宏伟蓝图，乡村若想振兴，就要走出不一样的特色化道路，"盒马村模式"已成为振兴乡村、可持续发展的解决方案之一。

中 和 农 信

CFPA MICROFINANCE

知识兴农 技术富农——中和农服农技知识培训会
中和农信阜新分支

中和农信是一家专注服务农村小微客户的"三农"综合服务机构，由中和农信项目管理有限公司和旗下的小微金融机构及农村服务企业构成。

中和农信业务源于1996年原国务院扶贫办与世界银行在秦巴山区创设的小额信贷扶贫项目，按照国际小额信贷模式运作，为农村贫困地区的低收入农户提供无需抵押、无需公职人员担保的小额信贷服务，助力其发展生产，增加收入。2000年由中国扶贫基金会接管该项目，并于2008年转制为公司化运营。2010年起，中和农信陆续引入红杉资本、国际金融公司（IFC）、TPG等一系列国际知名投资机构，全面提升了公司治理水平与服务能力。

中和农信通过提供信贷、生产、生活与公益等多种服务，将国际经验与中国国情及农村百姓实际需求相结合，坚持"小额、分散"原则，探索建立专注为小农户服务的市场化、可持续的小额信贷运营模式。积极响应"双碳"战略，在开展业务过程中增加绿色标准资源投放，通过推进化肥农药减量化、有机肥普及和测土配方服务，引导农村绿色、低碳和循环经济发展，助力农业减排。

随着我国开启全面建设社会主义现代化国家新征程，中和农信也从聚焦扶贫转型为全面助力乡村振兴，逐步将服务从金融扩展到生产、生活等领域，并借助数字化技术打造线上综合服务平台"乡助"，初步形成了适合中国农村特点、专为小农户服务的"三农"综合服务体系。

中和
农信

构建"金融 + 生产 + 赋能"综合服务体系
促进小农户与现代农业的有机衔接

中和农信项目管理有限公司

一、案例概况

多年来，中和农信扎根农村市场，充分发挥补充衔接作用，不断扩大金融服务供给，推动物理网点和数字渠道等有机协同发展，在全国范围内设立"进县入村，上门服务"式的服务网点，不断扩大服务范围与深度。随着国家脱贫攻坚任务的胜利完成，中和农信适时将机构发展战略转向助力乡村振兴，重点关注小农户在农业产业发展中出现的融资难、能力弱、效率低等问题，结合小农户的生产场景，将资金与创业主体、生产要素充分融合，增加产业链、能力建设等服务内容，形成了适合中国农村特点、专为小农户服务的综合农业服务体系，为促进小农户与现代农业的有机衔接作出了探索。

二、主要做法

（一）完善供给，打通农村金融最后 100 米

1.扎根农村，建立广覆盖、深渗透服务网络。2021 年，中和农信金融业务已覆盖全国 20 个省（自治区、直辖市）的 429 个县域，主要为中西部地区，其中 19 个国家乡村振兴重点帮扶县。中和农信依托数千名生活在乡村的基层员工，坚持"一个电话，上门服务；无需抵押，快速放款"的服务方式，以融合进农村、农民生活中的状态为农民提供金融服务，在"广覆盖"的基础上实现服务直达乡村，取得客户的高度认可和信赖。截至 2021 年末，项目累计放款 546 万笔、967 亿元，年底在贷客户 42.7 万户，贷款余额 149 亿元，户均余额仅 3.7 万元，30 天以上风险贷款率 1.36%，超过 800 万农村人口从中受益。积极跟进数字技术发展的大趋势，中和农信大力推进数字金融建设，提升服务效率及可获得性，2017 年，公司推出移动应用程序"乡助"，使农户更为便利地使用金融、生产等服务，截至 2021 年底，作为中和农信线上"三农"综合服务入口的乡助平台已拥有注册用户 564 万，服务范围几乎涵盖了农村金融、生产等多个方面，大大提升了服务效率。数字化转型的同时，中和农信并不僵化于"数字"元素，在充分了解客户的基础上，采用真人服务与数字技术相结合的策略，真人服务着眼于提高客户的金融知识、技能，增强客户接纳数字金融产品的信心，让客户真正从数字金融中获益。截至 2021 年末，中和农信通过线上申请贷款和自主还款的客户比例已经超过 90%。

2.服务农民，实现服务群体精准锁定。中和农信服务群体为不能充分享受传统金融机构服务的农村中低收入群体及小微经营者，在信贷产品的

图 22-1　中和农信大力推进数字金融建设

设计上，中和农信侧重于考察农户的未来现金流量及还款意愿，采用多种还款模式，有效减轻了农户的还款压力。截至 2021 年末，公司在贷客户 71% 为农户，68% 为女性，初中及以下文化水平客户占比 68%；发放贷款分布上，10 万元以下贷款占比 97%，无抵押贷款占比 99%，大大低于传统金融机构的平均种养殖贷款额度，真正做到了支农支小。中和农信小额贷款产品具有以下特点：一是准入门槛低。年龄在 20—65 周岁，无需公职人员担保，即可申请贷款，大大降低了获得贷款的门槛，增强了信贷的可获得性。二是贷款额度小。普通的农村家庭，发展生产及改善生活，资金缺口一般是 3 万—5 万元，所以在贷款额度设定上，贷款额度从 1000—50 万元，可以满足目标群体的需求。三是方便快捷。中和农信始终秉承快捷方便的服务理念，所有贷前调查以及收放款都由客户经理上门完成，客户足不出户就可以获得贷款和完成还款，3—5 天即可放款；同时借助数字技术，大大提升了服务效率，实现了授信客户在移动应用客户端的自主支取，随借随还。

（二）聚焦产业发展，加强金融服务创新

中和农信主要发放以发展生产为主的贷款，2021 年，中和农信贷款中九成以上贷款用于产业发展，而直接用于种植、养殖用途的贷款占比达到 44%。客户农业生产贷款主要用于种养殖中购买种苗、化肥等资金不足问题，帮助他们快速启动小规模种养殖，并逐步扩大生产。近年来，依托多年在农村市场搭建起的服务网络及数字化能力建设，中和农信融合具体生产场景，增强对特色产业、农业产业链的金融服务能力，将金融与小农户急需的农资电商、农产品上行、农技技术应用等服务相结合，引导小农户采用先进技术和投入品，促进项目区农业生产专业化、标准化、绿色化水平提升。

1. 金融＋农资电商服务。2019 年起，中和农信搭建农资电商平台，通过 3—6 个月贴息贷款，将安全、优质、平价农资产品直接送到农户家门，在降低生产成本的同时，有效解决了传统农资流通领域效率低、成本高以及质量无保障等关键问题，同时助力减肥增效，改土护壤，促进农业的可持续发展。中和农信合作伙伴包括中化农业、云天化、新洋丰、正邦等多个一线农资品牌，产品涵盖饲料、化肥、有机肥、农药及滴灌设备、农用无人机等多个品类。

2. 农业运管与技术服务。2019 年以来，中和农信建立农业技术团队，同时整合县域"土专家"资源，以产业示范园及服务站为切入点，在川、甘、内蒙古等地区，聚焦当地特色产业，尝试为农户提供技术支持与技术解决方案，提高农户生产效率及现代化水平。此外，中和农信还依托自

建数字技术服务平台，突破时间、地域限制，让更多农户有了在线农业"医生"。

3.农产品上行服务。搭建起"消费升级"与"专业生产"的桥梁，为小农户和小型合作社打造一条从种植到销售健全的产业链服务，通过搭建产销对接平台，建立精品农业基地等方式，在让广大农户的农产品"不愁卖"的同时，引导专业化、标准化生产。截至2021年末，农产品上行业务开辟小番茄、大米等农产品产销试点，销售额达到1.2亿元。

（三）完善农户赋能服务，提升农户发展能力

乡村振兴，人才振兴是基础。中和农信自始至终都注重客户能力建设，在乡村振兴战略背景下，中和农信通过建立线上与线下结合的培训赋能平台，为农户提供包含金融教育、职业农技知识、创业指导等在内的多层次、成体系能力服务，在帮助小农户更好地适应和掌握先进科技与生产模式的同时，注重支持新型农业经营主体发展，发挥他们对小农户的带动作用。

图22-2 中和农信大力开展"金融教育"

1.服务＋培训的金融知识宣传。借助于真实服务场景，将金融教育、移动互联网工具应用融入服务之中，如使用手机培训、了解征信知识、辨别正规金融机构、防范金融诈骗、保护个人信息等。2016 年至 2020 年，中和农信发起"万场金融教育"培训 7613 场，服务农户 34 万余人；2021 年，中和农信联合各地公安机关等政府部门和机构，共同发起"点亮乡村防诈技能"宣传活动，覆盖 33 个县域的 1363 位农户。通过服务＋培训提升了农村客户金融素养与数字应用能力水平。

2.线上＋线下的农技知识推广。截至 2021 年末，中和农信组织 517 场线下农技培训，为 7755 位农户带去先进的生产知识与技术；同时通过乡助 APP 线上为农户提供专家问答服务，实时解决生产难题，2021 年度服务农户 1669 人次。

3.开展针对新型经营主体的赋能项目。2019 年开始，中和农信与壳牌中国合作的"创之道"项目为来自全国的近百位农村小微企业主提供了全面、系统化的管理培训，尤其支持女性企业家、返乡创业的年轻企业家发展。

图 22-3　中和农信"创之道"小微企业主培训班

图 22-4   中和农信通过测土配肥及技术指导帮助果农减肥护土

（四）增加绿色标准资源投放，引导农村绿色产业发展

乡村振兴，生态是关键。中和农信在开展业务的过程中积极引导促进农村绿色、低碳和循环经济发展，对标国际最佳实践，在授信准入中加入负面清单，严格限制向高耗能、高污染行业授信，同时支持农户购买环保设备，发展绿色产业。此外，中和农信 2021 年在甘肃静宁发起"沃野计划"，旨在通过专家指导、土壤检测等服务，帮助农户解决种植过程中出现的土壤、用肥问题，改善土壤固碳能力，助力农业低碳循环发展。

三、成效反响

（一）发挥"衔接补充"作用，完善农村金融供体系

乡村振兴离不开金融支持，完善有效的农村金融市场体系对于解决我

国"三农"问题、保证乡村振兴战略顺利推进尤其重要。在农村地区，提供信贷服务的有银行、农信社这样的"主力部队"，而中和农信小额贷款能够对正规银行信贷形成重要的补充。首先，中和农信小额信贷客户主要是传统正规金融机构服务不到的农户。2020年，中和农信客户中仍有60%的客户从未在其他金融机构办理过贷款，而受到综合成本、便利性及政策调整等因素影响，在未受到正规信贷排斥的农户中，获得小额信贷的农户占比达到19.85%。其次，中和农信的小额信贷能够提升农户获得的正规金融服务的能力，起到了信用建设"学前班"的作用。中和农信充分利用了熟人社会特点，帮助大量农户实现了软信息的硬化，获得了能够被正规信贷认可的信用记录。数据显示，中和农信2016年首次获得小额信贷的农户获得传统正规金融贷款的比例由18.72%提高到35.13%，使农户能够以更低成本进入征信体系的同时，提高收入水平和金融素养，完成由"信用白户"到"信用毕业"。2021年中国金融出版社公布"第四届中国金融年度品牌案例大赛"，中和农信从230家金融机构、423个案例中脱颖而出，斩获"中融普惠"年度案例特别奖，充分显示了中和农信在农村普惠金融中发挥的作用。

（二）促进小农户与现代农业的有机衔接，提升当地产业专业化、规模化、绿色化水平

小农户经营仍是我国现阶段农业生产经营的基本面。针对小农户当前存在的小、散、弱等问题，中和农信通过集约化、规模化、数字化的服务，打造为农村百姓特别是小农户服务的一站式综合服务平台——乡助，通过"天上有网、地面有人"的"三农"综合化服务模式，促进小农户生产与现代农业的直接结合，让农户直接分享到现代农业生产带来的节本增效收益。据测算，截至2021年末，中和农信农资电商集采统销服务，组

织服务小农户 3 万户，服务土地面积 150 万亩，其中粮食作物超过 100 万亩；发放专项农资贷款达 6 亿元，累计为超过 3 万户农户节省生产成本超过 4000 万元；农业技术应用方面，在川、甘、内蒙古等地区，通过中和农信技术解决方案，提升农户生产效率，据测算，在四川黄桃示范园及甘肃地区苹果产业示范园中，通过土壤监测、配肥管理及配套服务，作物产量提升 10%—20%，成效显著。在农民日报社发布的 2021 年度中国农业企业 500 强名单中，中和农信首次入选该榜单，位列第 338 位。该榜单旨在全面、客观展现我国农业企业发展情况，为农业企业参与乡村振兴营造良好的社会环境。本次入选反映出中和农信"三农"综合服务成果得到了社会各界的关注与认可。

生态振兴方面，2021 年，中和农信发放环保相关贷款 3000 余笔，金额约 2.6 亿元。同时，中和农信积极推进化肥农药减量化，以有机肥替代化肥，减少温室气体排放。2021 年度向农户提供优质肥料近 10 万吨，覆盖土地 60 万亩，预期实现农业减肥近 3000 吨。2021 年 11 月，在人民网、中华环保联合会、生态环境部宣教中心共同主办的第二届绿色经济发展论坛上，中和农信因助力乡村绿色发展的突出表现，从 200 余家申报案例中脱颖而出，荣获"碳中和典型案例奖"。

四、典型意义

中和农信"金融+"服务实践表明，农村金融不仅仅只是"把钱放出去收回来"，而是要将金融与创业主体、生产要素充分融合，发挥资金的最大效益。在多年业务开展过程中，中和农信发现农村小农户不仅仅是缺资金，而是缺少包括信息、技术、人才甚至是安全可靠的农业生产投入品等在内的成体系的产业支持服务，中和农信打造的农业服务体系，不仅符

图 22-5　中和农信客户经理在藏区为农户提供上门服务

合农村市场及客户的需求，也是实现服务效果最大化的有效途径。中和农信以金融服务为基础，与生产场景深度结合，从单一的小额信贷服务扩展到全产业链服务体系，对农村产业发展特别是促进小农户的现代化起到了积极作用。

　　小农户与现代农业之间的衔接，关键是通过有效的组织协同方式，解决农户一家一户解决不了、解决不好、解决了不合算的问题。中和农信借助不断提升的数字化技术，打造综合平台，目的是为了提升服务效率，形成规模化效益，实现协同发展。通过将 400 多个县域百万量级的小农户联结一起，形成了信息联通、资源整合、议价溢价、优买优卖的规模化平台优势，有利于将小农户引入现代农业发展轨道之中，对改善小农户由于规模小且分散而导致的诸如成本高、科技应用能力弱、生产效率低等问题从服务端作出了尝试，更好地发挥金融服务作用，助力乡村振兴。

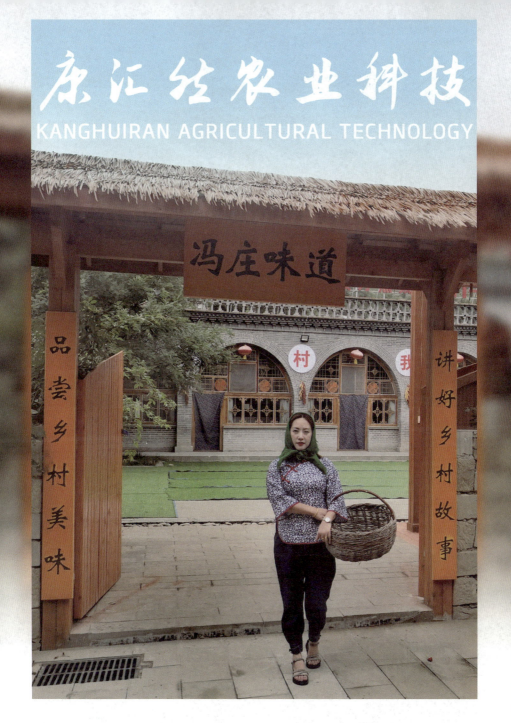

康汇然农业科技

KANGHUIRAN AGRICULTURAL TECHNOLOGY

冯庄味道

品尝乡村美味

讲好乡村故事

村

我

延安市宝塔区冯庄农业循环经济示范园

陕西康汇然农业科技有限公司成立于 2019 年 9 月，注册资本 8000 万元，项目总投资 3 亿元，位于陕西省延安市宝塔区冯庄乡，延安城区以东 30 千米处。

公司主要从事现代循环农业，乳酸菌发酵及保健品研发；生物有机肥研发；农业技术研究开发及推广；苹果产业后整理及深加工；农产品冷藏存储服务、冷链配送；农产品初加工及处理、土壤改良及土地整治服务，环保处理；培训基地经营与管理；旅游餐饮、民宿等。是一家运用先进科学技术、企业化管理、研学产销一体化运营的现代化高科技公司。

公司在掌握高科技植物菌原液生产技术的基础上，又成功引进了资源化无害化处理畜禽粪污的生态循环系统。用高科技植物菌类微生态制剂为饲料喂养的畜禽粪便用来养殖一种"亮斑扁角水虻"的高蛋白虫，从而解决禽畜粪便排放的面源污染问题，高蛋白虫又是畜禽的高质饲料，高蛋白虫产生的虫粪又是高质的有机肥。这项技术完成了养殖业的一个闭合循环，解决了养殖业的排放污染大问题，提高了畜禽肉蛋品质，为我国农业养殖业提供了一条高效、无害、无污染的可循环利用种养结合的新路。

康汇然
农业

多维度产业共融　推动乡村经济发展

陕西康汇然农业科技有限公司

陕西康汇然农业科技有限公司为了推进乡村振兴战略实施，帮助农民致富，推动农业农村发展，在当地政府的大力支持下，创新"企业＋基地＋合作社＋农户"运营模式，以打造建设冯庄乡现代化农业与乡村文旅项目为抓手，通过乡企共建、村企共建，积极推动当地乡村经济快速发展。冯庄农业循环经济示范园被评为"陕西省现代农业示范园区"；冯庄乡康坪村荣获"陕西省美丽宜居示范村""陕西省乡村旅游示范村""中国美丽休闲乡村""全国生态文化村"等荣誉称号。

一、背景起因

康汇然公司所在的延安市宝塔区冯庄乡康坪村生态环境优美、传统文化氛围浓厚，自然景观资源丰富。在乡村振兴实践中，康坪村牢固树立"绿水青山就是金山银山"理念，充分发挥本村"红色文化有底蕴、民宿旅游有资源、产业兴旺有基础"的比较优势，坚持把生态文明建设与农业产业、污染防治、乡村旅游相结合，整合优势资源，动员社会力量，着力打造三大基地。一是挖掘红色文化，打造教育培训基地。康坪村是陕北知青文化的典型代表之一。冯庄乡是中国新民主主义青年团全国第一个农

图 23-1　康坪知青旧居

村团支部的诞生地。康坪村充分利用冯庄康坪知青旧址和冯庄团支部旧址
等红色文化影响力，建设康坪干部教育培训基地和户外拓展训练基地。二
是利用闲置窑洞，打造民宿旅游基地。窑洞是陕北的传统民居，随着人们
生活水平的提高，一些窑洞闲置下来。康坪村将农户分散的土地和房窑统
一征迁、规划，在保留乡村原貌的基础上，打造特色民宿小院，还原陕北
农家生活、再现知青记忆、体验陕北民俗、回归初心本真。三是立足产业
兴旺，打造果蔬产业基地。康坪村将碎片化土地流转整合，发展集科技示
范、特色观光、采摘体验为一体的特色产业综合体，建成 108 座全新式五
代温室大棚，并大力推行产业后整理，在城区设立直营店，让果蔬进社
区、进超市、进广场，采取以销定产的方式，激活了产业发展的新动力。

　　康汇然公司就是在这一背景下，创新"企业＋基地＋合作社＋农户"
运营模式，通过建设冯庄乡现代化农业与乡村文旅项目，促进了当地乡村
建设，加快了乡村经济发展，增加了农民收入。

二、主要做法

公司坚持"以人为本、科技创新、绿色环保、诚信惠民、面向未来"的经营宗旨，以市场为导向，以科技为支撑，以保市场供应和农民增收为总体目标，通过打造建设冯庄乡现代化农业与乡村文旅项目，积极推动现代农业科研成果转化，促进现代农业和旅游业深度融合，构建了一个相容共生、互补兼顾、层次递进的乡村振兴可持续发展的闭环产业链和成熟商业模式。

（一）突出科技创新，发展循环农业

科学技术是第一生产力，也是乡村全面振兴的重要支撑。循环农业作为一种环境友好型农作方式，具有较好的社会效益、经济效益和生态效益。发展循环农业可以更好地推进农村资源循环利用和现代农业可持续发展。

冯庄农业循环经济示范园，总投入 3 亿元，规划分三期建设，是以植物菌原液生产技术、资源化无害化畜禽粪污处理系统、高蛋白虫养殖等零污染零排放高科技技术为支撑的现代循环农业园区。公司生产的高科技植物菌原液是目前世界植物乳酸菌中活性菌群量最多的原液，每毫升原液里含活性菌量 1600 亿以上。用高科技植物菌的微生态制剂喂养畜禽，畜禽粪便养殖高蛋白虫（黑水虻幼虫，是自然界碎屑食物链重要一环），高蛋白虫加工成畜禽饲料的动物蛋白原料，高蛋白虫分解过的畜禽粪便（主要为虫粪）加工成农作物的优质有机肥料，完成了"农作物种植—畜禽养殖—农作物种植"的闭合循环。既解决了禽畜粪便排放的面源污染问题，又提高了农产品、畜产品品质，为陕西省农业提供了一条高效、无害、无污染的可循环利用种养结合的新路。同时，公司生产的高科技植物乳酸菌还广泛应用在延安的山地苹果生产上，乳酸菌既作为肥料，促进果树生长，又可替代部分农药，抑制有害微生物的生存与繁殖，提高果树抗病虫的能力，从而提高苹果品质和产量。

图 23-2　畜禽粪便无害化资源化培育蛋白虫区域

（二）突出农旅融合，推动产业发展

1. 整合资源，打造特色民宿小院。康坪村自然生态资源富集，退耕还林成果明显，围绕山体、水岸、道路、庭院栽植了 15 万余株乡土树种、灌木花草，为发展旅游产业打下了环境基础。为了盘活村集体和群众闲置资产发展乡村文旅产业，公司与村集体签订了合作协议，全权负责运营村集体资产——特色陕北窑洞，把散弱农户个体利益、村集体利益与企业利益紧密结合，将生态文化与红色文化、传统文化紧密结合，依托团旧址、知青旧居等文化资源优势和乡村自然生态资源，深入挖掘红色文化内涵，大力弘扬红色文化，按照美丽宜居示范村标准改善室外人居环境，按照"陕北记忆、乡村味道"打造特色民宿小院。

2. 整合业态，打造特色文旅产业。公司采用"陕北特色窑洞+陕北美食+国内外旅行社"携手探索合作发展模式。通过改建冯庄乡村大饭店，发掘陕北美食、乡村特色，用"冯庄味道"吸引消费者；通过推广陕北窑洞民宿魅力，还原陕北农家生活、再现知青记忆，用陕北民俗体验，推动乡村旅游；成功打造了集民宿、餐饮、旅游、培训、农业参观、采摘为一体的特色"文旅+农业"产业集群。

图 23-3　陕北乡村文化

（三）突出三产引领，促进产业融合

公司在发展上不走传统老路，发挥优势，因地制宜，大力实施"由三产带二产促一产，立足品牌溢价的多维度产业共融"发展路径。一是为助推农业产业融合发展，公司从发展陕北民俗旅游开始，先后引进十余家相关企业入驻，推动第三产业的快速发展，拉动了农业循环示范园的建设，带动了第二产业发展壮大。二是依托"康汇然"品牌，全力打造冯庄特色

蔬菜、水果、杂粮等土特产和基地自产自销的植物乳酸菌酵素、乳酸菌鸡蛋、乳酸菌鸡肉、乳酸菌麻椒鸡等农副产品的品牌形象，促进了第一产业发展。三是通过"三产带二产促一产"的产业融合发展格局，实现"生产＋农户＋销售"一体化经营，构建了一个相容共生、互补兼顾、层

图 23-4　园区内 0 排放 0 污染现代化养殖示范区

次递进的乡村振兴可持续发展的闭环产业链和成熟商业模式。

（四）突出配套服务，延长产业链条

以贯彻落实国家"三品一标"提升行动为契机，不断加强乡村产业配套服务体系建设，延长产业链条，提高农产品附加值。公司统一为基地和农户提供良种、生产资料、技术服务以及必要的作业服务，所有农产品统一种植标准、统一品牌、统一储藏、统一包装、统一标识、统一线上销售。

1.产后商品化体系。冯庄果蔬年产量 500 多万吨，由于组织化、标准化、商品化程度较低，传统果蔬种植、储藏、销售已经无法为农民带来更多收益。为克服乡村产业普遍存在的"有产品无商品"短板，公司加大配套基础设施建设力度，在产前统一种植标准的基础上，开展产后商品化体系建设，为产后农产品统一储藏，统一包装，统一标识，不断提升产品品质、产品附加值和市场竞争力。

2.冷链物流体系。冷链物流是果蔬产业优质优价的重要保障。为了确保果蔬从田间到消费者手中品质良好，公司对冷链物流体系建设非常重视，加大资金投入，加速产地销地空间网络布局，实现了农产品在生产、运输、销售三个环节中全程冷链保鲜，确保农产品在最佳营养价值期、最新鲜期到达消费者餐桌，得到了消费者好评和认可。

3.市场销售体系。一方面，建立区域惠民末端体系。新建延安市区销售网络，让乡村农产品以最快的速度进入市场、超市，进入消费者视线内，使本地居民优先享受优质果蔬，实现地产地销。另一方面，建立智慧商街对接产销体系。瞄准域外市场，通过在国内重点步行街设立产品专营销售店、展示店，在大型批发市场设立销售门店，入驻大型商超等方式，使优质果蔬产品出市、出省，进军全国市场。

4.标准化品牌体系。农产品品牌是信誉、信用的集中体现，发挥品牌效应，提升农村优质农产品的价值，可以帮助农民更多地分享品牌溢价收益。公司认真制定了"康汇然"农产品种植、采收、贮藏、包装、运输等企业标准，注册了"宝塔蛋品""艾你益生""圣地冯庄味道"等商标，品牌果蔬、杂粮和植物乳酸菌酵素、乳酸菌鸡蛋、乳酸菌鸡肉、乳酸菌麻椒鸡等农副产品已获得越来越多消费者信赖。

5.一站式开放式服务平台。一是实行"公司＋基地＋农户"运行模式。签订合同与当地农户形成利益联结机制，为农户统一生产标准，统一指导技术，农民可以到公司务工或承包经营、自助创业。二是实现"互联网＋农技"推广新格局。构建农业物联网销售服务平台，实现"物联网＋智慧农业"新格局，打造农民及农村党员学用科技新平台。三是创新农村互联网公共服务平台。通过互联网、直播平台宣传销售农产品，提升农产品的经济价值及品牌效益，实现农民收入增长。

三、成效反响

（一）巩固了脱贫攻坚成果

2021 年公司销售的当地农副产品经过区、市、省、中央相关部门逐级审核后，成功入驻了消费扶贫系统。2021 年，在公司"六统一"模式带动下，康坪村总共 8 户脱贫户人均收入 11000 元。

（二）壮大了集体经济

与冯庄乡政府签订土地使用协议，建设"延安市宝塔区冯庄农业循环经济示范园"，乡镇集体每年直接增加收入 18 万元；与康坪村签订陕北特色窑洞经营协议，村集体每年直接增加收入 30 万元。

（三）引进了企业和创业者

2020 年农业示范园区建设完成后，公司先后引进了"生物科技有限公司""汇群农民合作社""乡村文旅发展有限公司""商业运营管理有限公司""陕西生物科技研究院示范基地"等企业入驻康坪村。

（四）强化了农村实用人才培训

以公司员工、返乡大学生、返乡创业人员、致富带头人、新型农业经营主体骨干为培训对象，开展农业技术及实践课程培训。两年来，共举办培训班 10 期，培训人员 680 人次，免费下发农技信息资料 1800 余份，农技工具 700 余份，协调资金 76 万元。

图 23-5 新型经营主体带头人农技培训

四、典型意义

　　康汇然公司依托陕北优秀传统文化，发掘乡村特色，优化资源配置，不断推进乡村文化建设与精神文明建设。在取得社会效益和经济效益的同时实现了企业快速的发展，转变了乡村农业经济发展方式，推动了乡村建设和乡村振兴，推进了乡村经济发展，促进了农民增收。一是创新利益联结模式，扶农助农。通过产业扶持、技术扶持、农副产品销售渠道扶持，落实"企业＋互联网＋基地＋合作社＋农户"合作模式，实行"统一""分散"经营相结合的经营模式，全力建设冯庄农业循环经济示范园，解决了当地农副产品销售渠道，推进了乡村振兴战略实施，带动了农民致富。二是产业园与文旅相结合，兴企富村。坚持以市场为导向、科技为支撑、保市场供应和农民增收为总体目标，推动科研成果转产业化，在建立有利于现代农业、生态农业、绿色农业发展机制的基础上，促进了现代农业和旅游业深度融合，现代农业综合产业园产品特色明显、品牌效应突出、市场竞争力增强，进一步培育和发展壮大了新型农业旅游业态。三是搭建一站式开放式服务平台，便民利民。以推动"大众创业、万众创新"为总揽，面向科技特派员、大学生、返乡农民工、复员军人、职业农民等创新、创业主体，按照"政府引导、企业运营、市场运作、社会参与"原则，集中打造融合科技示范、技术集成、成果转化、创业创新平台服务为一体的农村科技创业新平台，营造低成本、专业化、社会化、便捷化的农村科技创业服务环境，推进乡村产业融合发展。

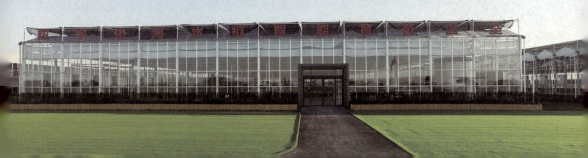

滨袤农业科技
BINYUAN AGRICULTURAL TECHNOLOGY

海水稻三产融合发展示范区

滨袁农业

山东滨袁农业科技有限公司成立于 2018 年 7 月 5 日，注册资金 29299 万元。旗下海水稻产业融合发展示范基地总投资 50.3 亿元，规划占地 18 万亩，为全国最大的海水稻种植基地。

项目与青岛海水稻研发中心开展合作，围绕农业科技示范和推广，以现代农业发展为导向，遵循现代高新农业发展思路，开展科技创新、产业融合。通过政府引导、企业引领进行驱动，带动农民脱贫致富并推动区域经济发展。项目配套建设海水稻加工中心、展示中心、控制中心、大数据中心、中央厨房等，形成一个集文化展示、农业科普、新型农民培训、康养医疗、休闲观光于一体的现代农业示范基地，推动当地一二三产业的深度融合，促进当地农业产业转型、升级，已成全国唯一的海水稻三产融合发展示范区。

项目于 2020 年入选山东省新旧动能转换优选项目，争取专项债券资金 3.6 亿元。当年实现亩产 625.3 公斤，盐碱度由 5.9‰降到 2.8‰。对于改善盐碱地生态环境和筑牢粮食安全底线产生积极影响，获袁隆平院士高度评价。

海水稻基地建设
全力助推盐碱农业综合开发利用

山东滨袁农业科技有限公司

2018 年，山东滨袁农业科技有限公司紧抓潍坊国家农综区（核心区）发展机遇，成功将海水稻项目引入寒亭。项目建立由 26 名科技专家组成的技术辅导团队，集中开展温室育苗、种子培育等领域科研攻关，加速种植技术落地转化。

一、案例概况

在潍坊国家农综区北部区域池塘、沟洼纵横交错，水资源十分丰富。但由于相当一部分土地盐碱度偏高，农民种植小麦和玉米年均亩产不足 500 斤，生产效益低下，抛荒现象十分严重，农村人口大量外流。

习近平总书记强调，开展盐碱地综合利用对保障国家粮食安全、端牢中国饭碗具有重要战略意义。如何将这片盐碱地利用起来，变成可让农民致富的"聚宝盆"，山东滨袁农业科技有限公司立足自身实际，紧盯发展前沿，决心引进海水稻。海水稻是生长在盐碱滩涂等地区的盐碱地的特殊水稻，适宜在碱性土地里生长。从 2018 年起，山东滨袁农业科技有限公司"变废为宝"打造海水稻产业融合发展示范基地，与海水稻研发中心签

图 24-1　海水稻项目

订合作协议，确定建立海水稻试验田。海水稻试验田不久就取得了阶段性成功，在 2019 年成功试种 1000 亩的基础上，2020 年规模扩大到 2.51 万亩，亩产 625.3 公斤。2021 年 10 月 28 日，组织了 5 位专家对 2.51 万亩海水稻进行测产，按照国家标准 14.5％ 的水分折算，测产结果为亩产量 691.6 公斤。

二、主要做法

引进海水稻在盐碱地上种植，积极探索以海水稻种植促进盐碱地生态改良，以现代化产业融合促进乡村振兴和粮食安全的途径。海水稻在寒亭禹王湿地及周边辐射区的成功种植，对改善当地盐碱地土壤环境、生态恢复、盐碱农业综合开发利用起到了很大的助推作用。符合"生态优先、绿色发展"大战略。

（一）探索突破盐碱地土壤改良瓶颈

对盐碱地土壤有效改良，科技要素应起关键性作用。因为同区域的不同地块盐碱化情况有差异，所以要在对环境考察的基础上，合理改善盐碱土壤质量，更好地提高农作物产量。

一是通过智慧化管控系统，用光纤传感器将地下的灌溉及排水系统网络化、物联化、数字化。形成数字化、智慧化综合排灌体系，将工程改碱用水与农业用水有机融合，达到水、土、盐的平衡条件。二是施用新型的盐碱土壤定向调节剂，以达到调节土壤盐碱度、降低土壤中重金属活性、改善土壤板结，增加空隙度等效果。同时，也会降低土壤的 pH 值，改良土壤结构，增加土壤的渗透性能，提高碱化土的有效养分含量，增加土壤的生物活性。三是利用植物生长调节剂，根据植物生长发育中对微量元素的需求规律，将新型植物生长调节剂和微量元素有机肥合理搭配，使土壤中微生物活性增加，构建健康的土壤生源要素循环，促进作物生长的同时起到降低土壤盐碱度和重金属危害的作用。四是利用海水稻发达的根系以及抗盐碱性，调节土壤内的有机质，增加土地肥力。

根据种植海水稻盐碱地的特点，将四大要素技术合理应用到盐碱地土壤改良，会使土壤 pH 值由原来的 8.7 左右变为 8.3 左右，土壤盐碱度下降到 6‰以下，从而有效增加土壤微生物活性和有机质含量。土壤的改良能够积极推进生态环境的改善，在可持续发展上具有重要意义。

（二）探索突破抗盐碱性种子研发关键

抗盐碱性植物在现代盐碱土壤改良、资源农业可持续发展中起到了非常重要的作用，在运用科技改良土壤的同时让植物也去适应盐碱环境。基于生态可持续发展的理念，重点从盐渍土壤转向抗盐碱性植物的发展，这样生态、经济、社会效益才会更为协调。种子是现代农业的芯片，种子问题也一直是习近平总书记长期关注的重点，并强调中国人的饭碗任何时候都要牢牢的端在自己手中。技术研发为了突破种子这一核心关键，滨袁公司曾多次与袁隆平院士团队交流沟通，邀请袁隆平院士团队实地调研 20 余次，围绕"耐盐碱抗逆性海水稻"开展深度攻关合作，通过培育、种植耐盐碱水稻、低镉稻、耐旱水稻等抗逆性较强的水稻，以适应一定浓度的盐碱地和重金属污染地。近三年来，利用试验田选取了不同地块种植 30 多个品种进行试验，最终选出最适合土地性状的 6 个品种，自主研发 BY0002、BY0036 两个适应性强的品种。该品种最适合当地 3‰—5‰ 的盐碱地种植，亩产超过 600 公斤。

（三）探索科技打造智慧化现代生态农业种植管理

为保证每一粒大米都严格按照相同的高标准生产，最大限度的保证产品的高质量，就要用最先进的数字化、自动化农业科技，从水稻的育种、栽培到生产、销售，全面实现可追踪、可溯源、可控制，创建海水稻大数据分析中心，实现海水稻数字化"种管服"体系。一是科学栽培体系。针对育种、插秧、管水等环节，运用高产栽培方法，结合耐盐碱水稻的特性以及区域气候特点，制定出适宜不同地区的栽培体系。二是建立植保体系。建立病虫害数字化监测预警系统，自动进行虫情信息、病菌孢子、田间气象信息的图像及数值采集，实现实时监测、精准控制、快速响应。三是配备智能播种、水肥一体化自动灌溉，实现集约化、精准化、智能化、数据化的管理。四是利用大数据处理平台，运用最先进的环境微型传感器与 NS-IOT 物联网通讯技术，将海水稻栽培过程中的地下水肥条件、地上植物生长环境、作物生长发育状况、病虫害等信息即时传输至大数据中心，并采用 AI 和专家化诊断系统处理及远程控制的方法，进行土壤水土肥药的智能化管控。精准化、智能化、自动化、高效化管理稻田。

图 24-2　数字化海水稻育苗温室

（四）海水稻促盐碱地改良使粮食增量增值

在大幅提高粮食产量上能够凸显海水稻种植的优势。2018 年寒亭区初次引进海水稻种植，在充分改良盐碱地的基础上，联合华为成功建设海水稻数字化管控系统，并利用先进种植技术，当年就实现平均亩产 523公斤的好收成。自 2019 年以来，寒亭海水稻基地亩产分别为 536 公斤、625.3 公斤、691.6 公斤，连创新高，产量逐年提升，每亩粮食产量翻一番，2.51 万亩海水稻实现粮食增产 750 万公斤。

海水稻产业链深度开发在增值方面的优势。海水稻独特的生长环境造就了其拥有丰富的微量元素。盐碱地生长出的海水稻硒含量是一般水稻的7 倍多，属于碱性食物，发展空间非常大。禹王湿地海水稻从最开始只能销售原粮，发展到现在逐渐探索产业融合发展模式：一是海水稻高标准农田建设面积逐年增加；二是不断拓宽海水稻深加工产品产业链；三是结合禹王湿地资源大力发展农旅产业，运用此种模式来提高亩产值。

图 24-3　海水稻丰收节

（五）海水稻促盐碱地改良在土地流转上促进农民增收

寒亭区禹王湿地的盐碱地面积较大，土地流转率低。通过引进海水稻种植，充分利用当地水利资源优势，探索土地流转新模式。以推进海水稻小镇创建为核心，采用"龙头企业＋集体合作社＋农户"的发展模式，加快土地流转。土地流转农民先将现有土地以流动的形式给本村集体合作社，再由合作社将全部土地统一流转，保证农户获得不低于 1000 斤小麦价格／亩的农村土地流转费，获取利润最大化，增加农户个体收益。2020年，充分发动周边村民、广泛宣传土地流转新模式，仅用 3 天时间成功流转土地 1.3 万亩，2020 年规模扩大到了 2.51 万亩，为推进产业融合示范区建设奠定良好基础。并且农户还可以在海水稻基地打工获取劳务费用，同时还能得到村集体收益的分红，总收入应该是以前的 3 倍以上。

（六）海水稻促盐碱地改良带动人才科技创新

海水稻种植项目的成立需要各类人才的参与。充分发挥袁隆平院士团队人才虹吸优势，引进国家重点人才。"以海水稻项目聚人才促发展"，联合李继明等 14 名专家人才，同时建立由 26 名科技人员组成的技术辅导团队，为产业发展出谋划策。依托青岛海水稻研发中心，定期组织科学育苗、大田管理等培训，全力打造一支懂技术、会管理、有能力的专业队伍，累计培训 200 余人，在温室大棚数字化育苗、海水稻种子繁育技术等领域科研攻关，加速科研成果的转化。其中袁隆平院士的儿子袁定阳已签约为项目的技术顾问，通过与袁定阳及团队的共同努力，海水稻种植会实现更好的发展，早日实现袁老的"禾下乘凉梦"。

三、成果展示

禹王湿地及周边地区拥有核心区 40043 亩，海水稻示范区 39957 亩，海水稻种植区 10 万亩的融合发展示范区。在海水稻成功种植的基础上，以发展百万亩盐碱地生态改良为切入点，以"稻香小镇＋农产品深加工终端产业链"的潍坊模式，真正实现农业可持续绿色发展，推动产业深度融合，农业现代产业化转型。

农业方面：规模已达 2.51 万亩，以海水稻种植为突破口，持续巩固和提高粮食生产能力。同时探索和创新生态种养，采用虾稻、虾蟹、虾鱼共作等模式，每亩海水稻纯收益在 4000 多元，辐射带动周边村庄村民在家门口就业，特色农业有效助力农民增产增收，实现生态农业可持续循环发展。

加工业方面：一是不断创新拉长产业链。在产品深加工方面，精心打造自己的生态品牌，以品牌带动新型农业产业持续发展。以海水稻原粮为主材，进行研发加工衍生产品已达 60 余种，包括海水稻原米产品、饮料酒、米酒、原米粉、米饼、调味品、化妆品类等。融合生物科技，研发出"海水稻＋小分子肽"系列原海水稻营养素餐粉产品，运用生物酶解技术制备的小分子活性肽，可以直接被人体吸收，同时研发生产牡蛎枸杞肽、多营养原米粉等 6 大系列不同功效、口味的原米粉，根据不同人群需要建立营养解决方案。建设 5000 平方米的食品级净化生产车间，按照自主研发的酶解、膨化新工艺，生产海水稻深加工米昔、米粉等系列产品。一期产能 3500 吨，产值可达 5000 万元。二是不断拓宽销售渠道。开拓网络品牌店铺、电视直销渠道等线上销售及 KA 渠道，代理商、礼品等线下销售渠道，与青岛航空、山东省供销社农产品公司、中百百货、北京净鲜、中粮集团等达成合作，整合区域内特色农产品及衍生产品的冷链物流、销售、大数据产业链条，形成科研、种植、深加工、物流、大数据等全产业链，提升区域产业水平。2021 年 7 月，经过选样、检验、实地考察，袁隆平海水稻产品凭借自身优良品质，通过相关部队后勤层层筛选，成为战区部队粮食供应产品之一。

文旅方面：以海水稻促盐碱地生态改良，现已规划水系综合治理 108.32 万平方米，湿地生态恢复 280 公顷，改良盐碱地 2 万余亩，立足于文化视角，形成教育基地，建立科普教育室。在素质教育的背景下，通过科普教育实践让在校学生更明确自己肩上的责任，树立科技强国、为国奉献的精神。形成科普文化，使其发挥特殊的教育职能，从文化普及上升到文化传承。同时，禹王湿地盐碱地改良又是一种旅游文化。湿地的特殊地理生态条件，形成了独特的旅游风光，由于土壤盐碱化比较严重，阻碍了农作物生长，通过综合治理，真正实现生态、经济、文明、文化、农业、旅游共同发展。

海水稻产业融合发展，在缓解耕地红线压力、助力农民增产增收、改

图 24-4　禹王湿地

良盐碱地土壤、改善生态等方面取得了卓越的成效。使周边村庄由原来的偏远村变成了现在人人羡慕的生态、宜居文旅小镇。

四、案例总结

　　盐碱地综合治理体制机制有待于进一步完善。现阶段以研促融、以产促融、以服促融的融合模式还需提升。农业相关研究院所的研究力量和方向需要进一步明确，发挥好院所人才和研究优势。加强对盐碱地综合开发利用，把现代化农业生态发展、产业发展和服务业提升融合为一体，需要各级部门及研究院所的专业技术人员来做支持保障，将各级、各类资源融合起来共同促进海水稻产业发展方面需加强沟通。

　　自主研发人才团队尚未建设完整，技术研发有待于进一步提高。近几年在科技改良的情况下有效促进海水稻根系发育，抗病性能力增强，连年增收。但是通过种植发现，部分盐碱度在 5‰—8‰ 之间地块上的海水稻产量不够高，海水稻种子主要依赖于青岛海水稻研发中心的研发能力，没有根据禹王湿地盐碱度梯次分布状况自主研发出适合本地的系列种子，虽然在试种多个品种中选育了适合的种子，但在自主研发人才和创新上突破较小。应立足盐碱地实际状况，引进人才，建设自己的育种团队。

深加工配套设施有待于完善。海水稻深加工是增强区域经济、资源可持续利用的有效措施。由于土地建设指标和资金的限制，加工园区的建设规模和产能不足以支撑农业产业的高效发展，不利于海水稻深加工产业的落地。

盐碱地改良中生态治理与粮食安全并重的对策建议，健全综合、长效治理机制。以海水稻的发展促进盐碱地改良，在海水稻推广过程中，建设一个长效可持续的综合性体制机制，用来系统指导海水稻的推广与发展，特别是政策的综合配套，各部门协同和保障机制，为海水稻发展促盐碱地改良做好政策扶持的文章，同时增强宏观发展意识，既要重技术又要重管理，把粮食安全、创造优质生态环境与当地经济协同发展。

盐碱地土壤生态改良技术创新与种子研发共同提高。盐碱地的土壤改良不仅是海水稻种植的基础，也是其他作物和植物生长的基础。在提升土壤的改良技术中融入生态环保的治理办法，从而促进改良技术革新。在土壤改良的基础上，科技育种更为重要，由于禹王湿地的盐碱地的单一性，在选种育种人才的引进上有一定的局限性，建立横向多地域联合选种育种的自主人才团队，研发出适合各类盐碱地种植的海水稻种子，把种植和选育优质种子同改良土壤同步进行，让新的种子在改良的盐碱地中不断优化，培育出更多的耐盐碱种子。

提高盐碱地综合利用的认识，增强土地危机感、生态环境安全感。盐碱地土壤改良要提升到技术创新战略层面，海水稻种子的研发提高到粮食安全的高度。治理与管理并重，把生态环境安全作为盐碱地开发治理的前提，让盐碱地成为产粮的粮仓，从而增加了可用耕地面积，对于维护国家 18 亿亩耕地红线起到了无可替代的保护作用，有效地缓解了粮食问题，耕地危机问题，利国利民。

配套资源整合。做好产业融合，配套资源是基础，规划好海水稻产业园区，将有限的工业用地、粮食仓储用地用于海水稻加工业的发展中来，充分利用周边相关企业的生产和研发能力，联合开发和生产海水稻的衍生产品，发挥加工业附加值高、市场大的优势，扩大产业发展，用加工业的经济价值补充海水稻种植、研发、盐碱地改良的投入，使海水稻发展促盐碱地改良和农业现代产业化综合利用实至名归。

综上所述，盐碱地开发利用一直是现在与将来重要的研究课题，盐碱地科学合理开发利用是生态治理与粮食安全的重要保障。寒亭禹王湿地以海水稻促盐碱地改良，遵循了人与自然相互协同发展的规律，基于此理念，保障了开发利用盐碱地过程中的环境安全。未来，海水稻产业融合将用 3 年到 5 年时间，盐碱地改良和海水稻种植规划目标 10 万亩，更进一步拓宽海水稻深加工产品产业，结合国家湿地资源大力发展农旅产业，实现"生态与宜居、农业与科技、田园与小镇"的相互融合。以潍坊稻香小镇为启航，带动百万亩全国盐碱地海水稻产业基地，聚集亿亩盐碱地的优质农产品及深加工产业集群，在全国范围内形成产业带动，生态、经济和谐发展，在我国盐碱地资源可持续利用方面作出更大贡献。

安垚文旅

ANYAO CULTURAL TOURISM

宜宾市翠屏区安垚文化旅游有限责任公司是一家由国有公司、集体经济、社会化私企属性混合制改革成立的股份制公司，全面统筹和开展安石村乡村振兴示范项目整体运营管理工作。

安石项目是以"社会治理与社区运营标准化"和"艺术审美与空间设计标准化"为原则，建立的"国际学人村"，将会引入文化、艺术、农业科学、教育等行业精英及返乡创客。以人才激活安石永续发展动力，打造全国乡村振兴的标杆项目。通过挖掘安石村"蜀酒、江鱼"等在地风物特色，形成"酒乡渔美"农商文体旅融合发展的乡村振兴新样本，可满足餐饮住宿、会议团建、亲子研学等休闲和商务需求。从 2021 年 3 月开村至 2021 年末，全村共接待游客 30 余万人，直接提供就业岗位 75 个，解决当地就业问题。

公司以"同住美丽乡村，共创理想生活"为理念，探索融合共赢的乡村振兴最佳模式，打造国家级示范案例，优化和推广全新建设样本，力争成为中国乡村振兴项目顶级运营商。

安垚
文旅

四方共建"酒乡渔美"　促进农业高质高效

宜宾市翠屏区安垚文化旅游有限公司

翠屏区李庄镇安石村，围绕"长江禁捕、渔民上岸、产业转型"要求，通过村集体经济组织、村民主体、投资建设公司、专业文旅公司的"四方共建"，把闲置农房流转出来，最大限度保持乡村自然生态肌理，做到在乡村产业、生态、人文自然和谐统一的前提条件下，赋予文化艺术和建筑学改造。探索出一条以发展乡村生态旅游业为主线，引爆村庄发展，培育特色文化村，梳理村庄品牌，全产业链协同发展的"四方共建"乡村振兴模式，壮大了集体经济，增加了农民收入。2020 年村集体经济收入达 320 万元，全村农民人均可支配收入达到 2.36 万元；2021 年实现集体经济收入 1000 万元，农村居民人均可支配收入达 2.51 万元。荣获"全国乡村治理示范村""全国绿色村庄""四川省实施乡村振兴战略工作示范村""四川省首批乡村治理示范村"等称号。

一、背景与起因

习近平总书记强调"要把修复长江生态环境摆在压倒性位置，共抓大保护，不搞大开发""中国人的饭碗任何时候都要牢牢端在自己手中"。安石村围绕"长江禁捕、渔民上岸、产业转型""农业高质高效、乡村宜居宜业、农民富裕富足"总方针，以"酒乡渔美"为主题的乡村振兴示范村项目于 2020 年 4 月在安石全面启动，计划分三期实施。

2020 年 9 月 20 日，翠屏区被国务院确定为新一轮农村宅基地制度改革试点县（市、区）之一（全国 104 个、全省 5 个、宜宾唯一），并按照要求迅速启动翠屏区农村宅基地制度改革试点工作。安石村借势宅基地制度改革试点，积极探索"四方共建"模式，着力打造文化小镇。村集体经济组织安石社区股份经济合作联合社通过集中流转，取得房屋和宅基地使用权，投资建设宜宾市翠屏区万垚企业管理咨询有限责任公司提供借款资金保障，专业文旅公司四川扶摇天成文化旅游发展有限公司进行统一规划设计和管理运营，村集体经济组织、投资建设公司、专业文旅公司联合成立宜宾市翠屏区安垚文化旅游有限责任公司，开启了"四方共建"乡村振兴模式。

截至 2021 年末，通过"四方共建"已完成一期共 1567 亩"四区两线"，

图 25-1　安石村全景

即："稻鱼共生区、渔业生态区、大地艺术区、山径漫步区"与"文旅休闲线、田园体验线"，投资超过 6000 万元。

二、做法与经过

（一）明确整体定位

以生态共生、酒乡渔美、学人驻留、设计美学为整体定位。

1. 生态共生

恢复稻鱼鸭的农业遗产系统，保护长江第一镇李庄可持续的生态环境。进行生态修复，实施化肥农药零增长行动，增强产业的附加值。

2. 酒乡渔美

做优鱼产，建立乡村发展支撑，稻鱼、鱼养殖基地、水库鱼，以鱼作为核心 IP 构建，带动产业发展，带动衍生品内容发掘、带动消费的商业

氛围和休闲体验项目，形成产业融合。

3.学人驻留

承继李庄学者与士绅的人文精神，引入学者、科技专家、文化人、艺术家、公益者与当地高校，构建交流平台，解决宜宾文化、乡村教育、职业教育及农业问题。落地文化、研学教育、营地教育、科普等复合业态内容。

4.设计美学

重新焕发在地材料生命，注重功能满足、在地文化的挖掘体现。以新的乡村场景来引入乡村的当代性，以新的美学注入品位和体验。

（二）调整产业结构

以农业供给侧结构性改革为主线，兼顾优质粮油、特色水产、白酒酿造、乡村旅游等需求侧，依托本地稻田资源、本地田型优势和乡村自然生态，实施水土改良、品种优选、种养循环、粮经复合、农旅和文创融合，既增加种养面积，又实现了品质产量双提升；既保留了乡土风气，又发展

图 25-2　石里稻场（大米品牌）

了乡村新兴业态；既发展了产业，又聚集了人气，真正实现农业高质高效。

2020 年产出优质水稻 3.6 万公斤（其中酿酒专用粮 1.2 万公斤），稻田养鱼 4000 公斤，集中水产养鱼 10 万公斤。以"蜀酒、江鱼"风味特色，注册"石里稻场"米品牌、"安沁"酒品牌、"渔先生"鱼品牌等衍生农创、文创产品，在安石工坊就地销售并入驻电商平台。坚持化肥农药零增长，努力由"无公害"向"有机"转变。探索出了"稻鱼共生、粮经复合、文化附加"的产业发展路径。同时，带动周边区域发展酿酒专用粮 5 万亩、稻田综合种养 1 万亩。

（三）完善组织机制

1.完成产权改革

安石社区是全区农村集体产权制度改革试点村，改革已完成集体资产清理核实总计 1061 万元，按照"确权到人、发证到户、户内共享、社内流转"的原则建档登记，确认农村集体经济组织成员 2322 人，创新开展"确九权颁十证"向集体经济组织成员颁发各类产权证书共计 1715 本。

全村已成立 1 个股份经济合作联合社和 13 个股份经济合作社，通过

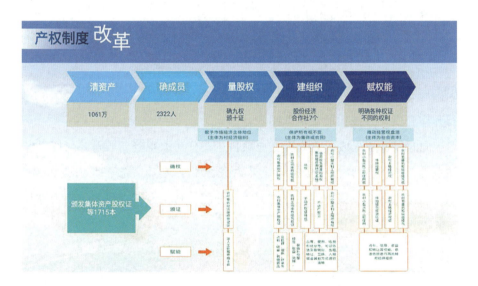

登记赋码全部颁发了农村集体经济组织登记证，安石村、社集体经济组织的法人主体和市场地位得到确立，农民成员身份得到确认，实现了"资源变资产、资金变股金、农民变股东"。

2.壮大集体经济

安石社区通过整合土地合作社、劳务合作社、旅游合作社、置业合作社、渔业合作社 5 类合作社构建村股份经济联合社，以集体经营性建设用地折资入股开发公司，对安石社区康养建设、基础建设、社区环境建设进

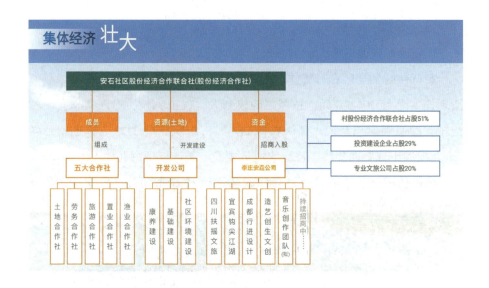

行整体开发，并按占股比例取得收益。

同时以资金入股成立安垚文旅项目运营公司取得经营收益，村股份经济联合社占股 51%、投资建设企业占股 29%、专业文旅企业占股 20%，集体经济组织成员通过保底分红、收益分配、自主经营、投入劳动力等获得收入。

（四）完成景观设计

通过景观设计，安石村形成了"四区两线，十院十景"的现代乡村样板图。稻鱼共生区、渔业生态区、大地艺术区、山径漫步区共四区，以及文旅休闲线、田园体验线共两线，安石之心、安石文化中心、半丘塘民宿、篱笆小食、石里稻场、大屋基民谣酒吧、遵生小院、安石乡村书局、青年旅舍、山水柴院共十院十景。

图 25-3　安石之心

（五）创新运营模式

1.以发展乡村生态旅游业，引爆村庄发展。利用建筑美学点亮村庄世外桃源般美景和独特安石乡村文化，开发具有安石村特色的乡村休闲旅游业。按照乡村文化旅游目的地的要求，提升自然休闲内涵，开发生态旅游业态，引导传统农耕逐步向农业观光、农事体验、农居度假等附加值高的乡村旅游发展，更进一步围绕休闲氛围从微旅游向微度假发展。

2.培育特色文化村，树立村庄品牌。编制村落保护开发规划，强化村庄保护。在充分挖掘和保护村落民居、树木和民俗文化等的基础上，美化村庄人居环境，将历史文化底蕴转变为具备生活体验内容的特色文化村。挖掘安石村传统农耕文化、山水文化、人居文化中的生态思想，打造成为弘扬农村生态文化的重要基地。

3.推动餐饮、民宿、旅游、电商等各业态融合发展。通过统筹协调各类资源使一二三产业在总体规划中有序发展，良性互促。电商和旅游协同

发展是安石村的独特模式探索：农旅为主，引领电商乡村品牌化建设；商旅是力，夯实安石村特色乡村的产业支撑；文旅是魂，传承文化，塑造特色乡村的文化灵魂。创建了大米、酒、茶、油等多个品牌，打造绿色生态的农产品种养殖区。由运营公司进行原材料的种植、加工、销售，为参与的村民提供技术指导、服务及产品销售等。

三、成效与反响

（一）宜居宜业乡村

安石村完成生态修复、基础设施、公共服务、"三大革命"、基层治理、乡风文明"六大工程"58 个子项目，覆盖路水电气视讯"六网"、农房"三改"，并配建高标准文旅设施。开展路边洁化、河边净化、山边绿化、房边美化"四边四化"整治，整治面积 5 万平方米，村内道路升级改造 5.1 千米，全村农户改厨、改厕、改水 279 户，美丽乡村从"房围美"变"村域美"极大提升了村民的生活品质。结合原本的生态风景，通过建

设山水柴院、乡村书局、半丘塘、遵生小院、竹艺＋、安石之心、文化中心（村史馆）等一系列文创建筑美学作品，用艺术重塑闲置农房。引入音乐吧、文创店、书院、民宿等新业态，驻留新村民和返乡创客，打造"安石国际学人村"，重构"蜀酒浓无敌，江鱼美可求"醉美渔乡。

（二）治理有效乡村

管理规范，服务体系完善。安石村安全管理制度、环境卫生等各项制度健全，并设有应急预案，通过不断的完善，已逐渐形成一套具有普遍性和标准化的制度体系。有标准的游客服务中心和医疗救护点，能集中处理垃圾，污水经处理达标后才排放，形成了整洁、完善的环境基础设施。

村民的文明程度得到了极大提高。游客的增多带来了更多的信息和现代的生活方式，改变了村民的观念。城市游客的增多，使村民富余而零星的农副产品成为商品，带动了村民的商品意识，从而带动经济增长。

进一步完善"三抓三合强治理""1+3+N"治理模式，创新广场公约、场馆公约，探索开展村庄、院落"微自治"，使"看得见青山，记得住乡愁"

成为现实，群众的获得感不断增强。

（三）富裕富足农民

劳动就业得到改善提高。景区开发建设，对规划区内的农民土地采取了租赁政策，村民有了旱涝保收的土地流转收入，同时景区建设和管理需要大量的劳动力和辅助劳力，又有一大部分村民有了新的经济来源。旅游区的经营，又带动了周边特别是安石村的第三产业，如零售商业、餐饮业、"农家乐"等服务业需求。

全面完成农村集体产权制度改革，通过"确九权颁十证"颁发集体资产股权证、不动产权证、土地承包经营权证等1715本，安石村、社集体经济组织的法人主体和市场地位得到确立，农民成员身份得到确认，实现了"资源变资产、资金变股金、农民变股东"。

成立项目运营公司，由村股份经济合作联合社控股，集体经济组织成员通过保底分红、收益分配、自主经营、投入劳动力等获得收入。2020

年，村集体资产总额已由 1016.9 万元增长为 4841.5 万元，直接提供就业岗位 65 个。2021 年实现集体经济收入 1000 万元，农村居民人均可支配收入达 2.51 万元，带动返乡就业创业 100 人以上。

四、典型意义

本项目的顶层设计为乡村振兴的多样性探索出一条落地实施、多方共赢、利他共存的模式，真正成为乡村振兴的新样本，以建筑美学点亮乡村，以生活美学带动村民对美好生活的向往和追求。四方共建、三产融合、供给侧改革结合乡村旅游，创建一个不同于城市的社区，这个社区必须有一个原住居民以及与其相关的乡土生活 IP——这是在乡土生活基础上经过创意性提炼和提升精心打造的、独特生活方式和品牌。

安石村通过自己独特生活方式建立了超级 IP"酒香渔美""安石有渔"，开发了生态共生、研学旅游、学人驻留等项目，为乡村振兴增添不同色

图 25-4　开村大典

彩。生态共生，通过传统农学方式稻鱼共生，生产生态无公害的农产品，建立自己的大米品牌——石里稻场。研学旅游，将村民土地流转，请村民帮忙种植部分土地，成熟的农产品可供游客采摘；另一部分土地与学校合作，提供给学生种植，体验农学活动；安石村可提供写生场地，有青年旅舍提供住宿餐饮。学人驻留，暑期招募一批志愿者入住安石村，通过走访当地村民，挖掘当地的故事和文化，教授当地小朋友知识，宣传当地文化，吸引年轻人来到乡村生活工作。

安石村没有完全依靠政府帮助，而是自力更生走出了一条特色农村振兴的道路。每个自然村的文化内涵、品位都不一样，只有深挖文化和生态，通过优良的生态和优质的服务，把文化和生态优势转化为生产力，把乡村文化以及绿水青山变成经济和社会效益，才能探索出独具特色的可持续发展道路。

接下来安石村会以"随遇而安""石来运转"作为年度推广主题，来加强人与人情感的联系，以乡村来吸引城市的消费从而壮大集体经济，带动乡村富裕富足。

本来集团成立于 2012 年，总部位于北京，是一家同时具备农产品供应链全程化管理服务、自有品牌塑造、媒体整合营销、自有冷链物流、线上生鲜电商、社区生鲜连锁新零售等综合能力的生鲜全产业链集团公司。集团业务线涵盖：线上 B2C 生鲜电商"本来生活网"，线下社区生鲜连锁店"本来鲜"（与顺丰优选战略协同），供应链"本来果坊"。

十年深耕，本来集团以创新的 4D 供应链、从产地到用户的 DTC 直连模式实现农业正向循环。本来集团已经建立了一套从产地、物流、需求端等各个环节的完整链条，能进行农产品品控、流通、营销等全链条服务，并建立了丰富的帮扶产品库。

本来生活自创建伊始，就开始了产业帮扶的进程，坚持让传统农业与互联网电商相结合，持续不断地帮助脱贫地区发展产业，打造品牌，让中国农产品更有价值，让中国良心农人更有尊严，并取得了阶段性的成果，得到了政府和社会的认可。截至 2021 年末，本来生活共上线销售来自 300 多个县域的 2000 多个规格农产品，涵盖水果、肉禽蛋、休闲食品、蔬菜等近百个细分品类。

本来生活

点面结合　探索县域农业
可持续发展的市场化道路

——中国民生银行携手本来生活创新产业帮扶新模式

北京本来工坊科技有限公司

本来生活集团是一家同时具备农产品供应链全程化管理服务、自有品牌塑造、媒体整合营销、自有冷链物流、线上生鲜电商、社区生鲜连锁新

图 26-1　封丘县向本来生活颁发致谢牌匾

零售等综合能力的生鲜全产业链集团公司。在与中国民生银行合作对河南省封丘县、滑县进行消费帮扶及产业帮扶过程中，通过完善产品标准，提升品质；完善市场渠道体系，有效触达市场用户；为县域农产品匹配仓储、配送、售后等能力模块，提升用户消费体验等方式，加大县域农产品在市场端的有效推广。同时，突出封丘县在金银花产业领域的优势，以产品创新方式，提升产品溢价能力，提高产品与市场消费的匹配度。累计合规品控两县帮扶农产品总计近百款，实现销售订单超 5 万份。

一、背景起因

自 2002 年对封丘县、滑县开展定点扶贫以来，民生银行始终围绕"为民而生、与民共生"的使命初心和责任担当，逐步探索构建出"十位一体"定点扶贫模式，走出了一条独具"民生特色"的定点帮扶之路。

随着封丘县、滑县先后实现脱贫摘帽，民生银行继续加大帮扶工作力度，创新帮扶工作思路，增强帮扶工作实效，为巩固拓展脱贫攻坚成果，有效衔接乡村振兴贡献力量。在消费帮扶和产业帮扶方面，民生银行继续秉承"造血式帮扶"的理念，联合专业生鲜电商平台本来生活，以创新消费帮扶模式为抓手，以市场化思路为引导，积极推动两县农业产业升级，搭建农特产品与市场需求的对接体系。

二、主要做法

（一）分工合作，展现优势互补

1.民生银行。一是调动民生银行文化领域和艺术家资源优势，结合民生银行帮扶历史、企业使命和县域资源禀赋、文化内涵，深度参与产品命名、包装设计、环境设计，打造有文化、有内涵、有品位的产品。二是调动民生银行分销推广资源（消费帮扶、网点渠道资源、宣传资源），在产品成型后，加强网点地推、媒体宣传、直播带货等渠道传播，推动促进产品销量。三是动员行内经营机构，开展集中批量采购，用于客户答谢、员工福利等。

2.本来生活。一是挑选优质生产厂商，实现产品的最终生产，确保整体产品的品控质量、物流仓储等环节的保障，并结合市场需求变化，持续优化产品内容及形态。二是调动自身在农业产业、食品物流等领域的优

图26-2　本来生活助力两县农产品品牌升级

势，引入相关资源加强产品的宣传和推广。三是推动产品在本来生活网等相关电商平台上架，并予以系统的运营推广支持。四是拓展可接入的产品资源，联动更多帮扶主体及产地，持续扩大产业创新帮扶模式的"朋友圈"。

3.地方政府。一是优化发展环境，为农产品走向市场提供政策保障和组织保障。二是组织加工企业、专业合作社、家庭农场等经营主体积极参与农产品合规品控和优化升级。三是深化巩固脱贫的效果，确保项目有效

带动产业发展和相关种植户增收创收。

（二）深入调研，摸清实际情况

为了摸清河南两县的实际情况，民生银行和本来生活多次深入一线开展调查研究。2020 年 11 月，民生银行牵头，本来生活、中国扶贫基金会等多方帮扶力量组成的代表团，赴封丘县、滑县两地进行调研。调研期间，在封丘县电商园，民生银行党委书记、董事长高迎欣与本来生活创始人、CEO 喻华峰共同为"茶观本草"揭幕，并与当地政府领导一起，见证了本来生活与民生银行战略合作协议签署。2021 年 4 月初，民生银行与本来生活联合调研团赴河南封丘县、滑县调研。通过对种植基地、加工厂、生产线、仓库等一线场景的实地调研，并与企业实际经营管理人员深入交流，充分了解两县重点农产品生产及销售现状，重点企业在产品优化与开发方面的匹配能力与意愿，以及在产业优化方面的承受能力与空间，并据此制定下一步工作计划。

图 26-3 喻华峰（左）与高迎欣（右）共同为"茶观本草"揭幕

（三）创新思路，实现产销对接

1.全面品控，帮助两县帮扶产品达到市场准入标准。本来生活专业商品开发及品控管理团队全面对接两县各农产品相关企业，依托本来生活在市场趋势、消费习惯、用户偏好等方面的专业积累，协助两县各家企业对产品进行改造升级，引导两县农特产品进行商品升级，以更优品质、更高性价比、更贴近需求的商品，增强两县企业参与消费市场竞争的能力，累计合规品控两县帮扶农产品总计近百款。

2.商品优化提升，全面对接市场渠道。在对两县农产品进行品控过程中，针对不合规且厂家整改能力有限的情况，本来生活整合自有供应链企业，为滑县"吃可得"、封丘县"少杨"两个品牌的系列产品提供包装升级的设计制作等配套服务，为两县产品设计全新包装累计超过 10 款。

（四）突出重点，"1+N"辐射带动

金银花是封丘县支柱性产业，在当地具有品质优势和悠久人文历史。民生银行与本来生活重点突出封丘金银花产业，联手打造复合花茶品牌"茶观本草"，

图 26-4　封丘县陈固镇金银花产业分布图

秉承药食同源的理念，以本草为茶，在一泡一酌间，品味本草精粹，体会品质生活。

1.创响诗意品牌。封丘是金银花原产地、"中国金银花之乡"，种植历史、品质、技术、单产、出口量都是全国第一。为壮大封丘金银花产业，推动县域乡村产业发展，民生银行与本来生活根据药食同源理念，通过科学配方推出含有金银花的复合花茶产品，并根据陆游诗中多次提到的"食观本草""醉读离骚"养生之法，取名"茶观本草"。

2.创新"1+N"帮扶模式。经由民生银行和本来生活深度合作，整合优势供应链资源，以河南封丘县支柱性的金银花产业为基础，共同打造金银花茶产业帮扶的创新"1+N"模式。"1"即以封丘金银花为基础，"N"则是优选全国各地尤其是来自832脱贫县的其他花茶原料，配套本来生活供应链加工配套的资源优势，开发出全新复合花茶产品。力图通过"1+N"创新模式，联动多家帮扶单位与被帮扶地区。同时，以生产、加工、流通、营销等全产业链条的整合，打造花茶产业帮扶的创新模式，为脱贫攻坚与乡村产业振兴提供样本。

3.创造高频推广模式。依托本来生活的资源优势，推动县域农产品高频触达消

图26-5　电商直播推广产品

费用户。一是本来生活网平台线上资源位推广。通过"重点帮扶商品力荐"、丰收节专题活动等线上展示资源位，向线上用户推荐河南两县帮扶产品。二是本来生活网平台线上直播推广。组织开展"本来生活网＋白云机场"联合直播活动，在直播中向线上用户推荐帮扶产品，直播观看量超过5.1万人次。三是各类品鉴会推介推广。十余次在本来生活组织的消费帮扶品鉴会、选品会、外部展会等线下推广活动中展示宣传河南两县农特产品，进一步向市场用户、企业采购人推荐"茶观本草"花茶礼盒。

三、成效反响

（一）凭借标准化生产，实现县域农产品整体品质升级

1. 全面提升两县农产品品质。经过数轮品控整改及优化，最终两县共有近40款农特产品通过市场化商品标准审核，具备了进入消费市场参与竞争的基本能力。

2. 持续优化"茶观本草"产品。2020年底，根据双方合作约定，推出"茶观本草"1.0版（罐装/礼盒装）"1+3"产品。"1"为封丘县金银花，"3"为配套产品，作为产品开放接口，联动对产品属地进行帮扶的帮扶单位形成合力。首批接入的产品包括：宁夏同心县的枸杞子、贵州平塘县的金丝皇菊、湖北襄阳的决明子。结合1.0产品的用户反馈、市场消费趋势，民生银行与本来生活团队于2021年4月初再次深入产地，对从金银花种植、收储、加工，到花茶成品的包装、工艺、材质、规格、定价机制等各项细节进行反复对比论证，推出"茶观本草"2.0版。以科学配比和经典配方，提供金银花蜜桃乌龙茶、金银花菊花决明子茶两种口味，供不同口味的用户选择，以独立小包的形态，提供更加便捷的使用体验，更加贴近消费者

使用习惯。

（二）凭借高效推广，实现市场化销售飘红

1. 开设专区，建立了两县农产品走进大市场的有效渠道。经整改优化后的近 40 款两县农产品，入驻本来生活网等市场化平台，涵盖粮油副食、熟食面点、肉禽蛋品、休闲食品、茶饮、蔬菜等多个品类。

2. 通过多种市场推广方式及手段，实现两县农产品与市场用户的有效接触。截至 2021 年底，

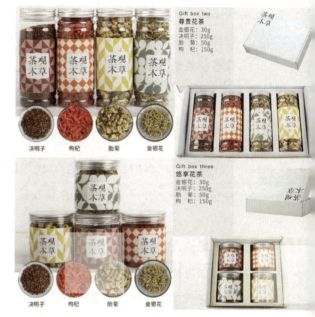

图 26-6　原创产品开发——茶观本草 1.0 礼盒装

本来生活通过线上资源位推广、电商直播、各类品鉴会、展销会等形式，累计实现曝光量 400 多万次，线下直接触达用户超过 5 万人次。

3. 市场化销售转化初见成效。从 2021 年 4 月开始，至 2021 年末，经本来生活整改优化后的两县农产品陆续上线本来生活自有渠道及其他合作分销平台，并根据各渠道及消费人群属性等情况，向市场用户推广"茶观本草"及两县合规帮扶产品，累计实现销售订单超 5 万份。

（三）凭借利益联结机制，有效带动农户增收

在与封丘县、滑县开展帮扶农产品产销对接工作过程中，本来生活通过与河南绿色生命果有限公司、封丘县尔玉中药材有限公司、滑县众发食品有限责任公司、河南永鑫商贸有限公司共 4 家龙头企业的合作，带动采

买丰硕合作社、民乐合作社、封丘县东仲宫金银花种植专业合作社等 7 家合作社的农产品及原料，关联农户、种植户超过 1170 户，并通过就业帮扶带动脱贫户超过 130 户。

四、典型意义

在合作过程中，本来生活与民生银行携手共进，大力推动封丘县、滑县农特产品充分市场化，同时助力两县农业产业振兴。

（一）优化升级品质，提升帮扶产品市场竞争力

在帮扶产品销售过程中，通过第三方市场化平台，及时采集市场端消费用户反馈，反推产地端产品持续优化升级，实现产品品质持续提升，不断增强县域农产品市场竞争力。推动产地农产品标准化体系建设，通过提供农产品供应链解决方案和全程化管理服务的方式，在上游端提质增效。

（二）搭建销售渠道，扩大帮扶产品市场

发挥市场化渠道的销售优势，助力县域农产品市场化销售。充分调动各方面渠道资源和宣传资源，加强网点地推、媒体宣传、直播带货等渠道传播，推动促进产品销量。动员各方帮扶力量的关联资源，开展集中批量采购，用于客户答谢、员工福利等。整合各方相关资源及渠道，推动帮扶产品的销售与推广。

（三）资源融合，带动更多社会力量参与消费帮扶

充分发挥市场企业的活力与资源整合能力，带动民营企业、社会组织等多方力量参与消费帮扶工作之中。在帮助脱贫县农产品实现有效流通的

同时，快速弥合产地端与市场端的信息断层，为脱贫地区农产品真正接入市场，适应市场创造条件，提供助力。尤其在主导产业与主导产品方面，结合市场需求趋势，推动产品升级，并以此拓展更多可接入的产品资源，联动更多帮扶单位及产地，助力主导产业发展提质增效。

（四）推动产业落地，构建持续"造血"能力

在市场拓展的同时，结合产地产业现状、资源禀赋、发展规划，沟通多方发展意愿，协同相关供应链资源，助力当地产业发展，成为当地产业发展与农户持续增收的发动机。

"雄关漫道真如铁，而今迈步从头越。"脱贫地区农产品上行的工作目标，绝不仅仅是完成当季农产品销售，而是通过多方协同构建农产品全产业链，最终达成产销两端高度适配，实现脱离非市场因素干预的情况下自运行的状态。在从脱贫攻坚向全面乡村振兴的历史过渡阶段，本来集团将以自身专业的食品生鲜供应链管理能力为基础，向上游推动生产端产业优化与产品品质升级，向下游拓展市场流通渠道，为县域农产品疏通产供销全链条。

好实再集团成立于 2008 年，是一家专注于全产业链信息化数字化平台研究和发展的高科技公司，致力于用科技提升产业效率，助力特色产业发展与乡村振兴。

集团研究开发的云平台应用区块链、物联网、人脸识别、人工智能等现代信息化数字化技术，将所选产业的全产业链参与者无缝连接在一起，提高行业效率，提供溯源跟踪、销售渠道和资金支持。

2009 年，集团在四川内江建立了全国首家 F2C+O2O 体验店，启动了产业信息化数字化平台的研发和应用。在取得超前布局和系统领先后，平台技术进一步应用在中国一县一特云平台和中国珠宝行业权威平台两个国家级平台上，助力乡村振兴与城乡融合发展。

好实再
科技

中国一县一特云平台助力地方特色产业发展

深圳市好实再科技有限公司

深圳市好实再科技有限公司成立于 2008 年，是一家专注于跨界产业互联网平台研究与发展的高科技公司；致力于用科技提升产业效率，助力企业发展与乡村振兴。企业使命：助力地方产业振兴，让源头真品走进每个家庭。企业愿景：用科技增进消费信任，引领跨界产业互联网。核心价值观：利他，交心，感恩。

一、基本情况

深圳市好实再科技有限公司运营的中国一县一特云平台是以新一代信息技术为基础，以产业赋能为宗旨，以乡村振兴为目标，为促进县域经济及文化发展，提供综合服务与市场赋能的产业互联网平台。帮助市县发展地方特色产业，为地方的特色产业建立产品交易中心和全球销售渠道、引进资金、打造名牌。

在农业农村部、商务部、中华全国供销合作总社、国资委、中国检验认证集团的指导和支持下，中国一县一特云平台以县域为单位，通过政府或行业商协会推荐、企业自荐、专家及媒体评选、相关权威机构认证等，

图 27-1　董事长张天文介绍中国一县一特云平台

选出代表当地特色的产品及品牌；通过跨界产业互联网平台技术，打通该产品及品牌的全产业链，无缝对接及高效整合金融、生产、检测、溯源、仓储、配送、营销、渠道、售后等环节的优质资源，推动产品的深加工、推广及销售，促进品牌升级，最终将该产品及品牌打造成知名品牌及地方特色名片，助力乡村振兴。

二、主要做法

（一）推动特色产业规模化经营

1.走规模化和集约化经营之路。在有产业化基础的地区：以市县农业产业园区规划、建设、运营为核心，带动特色产业发展；以园区平台化经营来引进产业资本、新技术和渠道，实现"农户＋合作社＋园区＋平台"经营模式化变革；支持小农经济生产方式走规模化、集约化经营之路，有效降低农业的生产成本，提升农产品的经济效益和市场竞争力。在没有产业化基础的落后地区：以全国市场导向与本区域产业特征，做好特色产业定位，整体规划、系统策划，通过"农户＋集体生产＋平台"的小经济大矩阵的经营模式来实现产业规模化。

2. 走城乡融合和三产融合发展之路。城消带乡、以工促农，用数字化、信息化技术改造提升农业，加快农业现代化、规模化、智能化、品牌化发展。立足于为农村服务、为农业生产服务、为农民生活服务宗旨，发展乡村二三产业，通过城市与乡村资源要素融合走出符合乡村产业发展的一二三产业融合发展之路。

3. 扶持壮大创新创业群体。以应届毕业生、返乡留乡农民工、退役军人、残疾人等群体为创业主体，推动政、农、商、军、残、学、妇、困等部门（机构、团体）开展就业创业与产业融合，按照各群体优势分工，共建自给自足的产业融合模式发展，形成稳定持续长久健康的产业链，促进乡村经济发展。比如，"地标味道徐侠客助残助农帮扶就业基地"，通过发展农副产品带料分装、集体合作社、乡村网红直播、电子商务、乡村商贸、乡村游学、乡村康养民宿等7 个标准产业，助残助农，引导带动创业产业融合发展。

图 27-2　贺州柑橘

（二）带动特色产业数字化转型

1.通过技术创新提升产业链价值。中国一县一特云平台向农业产业链引入区块链、物联网、人脸识别、大数据等关键技术。通过提高种养殖、加工及流通效率，加速智慧农业和城乡融合发展；通过数字化赋能乡村产业，实现农业产业链"四流合一"，解决了供需错配等关键问题，优化了农业全产业链；通过数字化赋能乡村产业，重构传统贸易产业链的供需匹配与产业主体协同模式。为农产品的溯源、交易、仓储物流、金融服务带来了解决方案，从而进一步大幅提升产业链的价值。

2.通过数字赋能建设全产业链数字化平台。在传统贸易产业链中，生产端、交易端以及供应链端存在诸多重要痛点导致运转效益较低。在生产端，存在如何根据客户需求变化调整产品研发和生产方向、如何缓解生产成本压力等问题。在交易端，存在供需信息匹配难度较大的痛点，消费者很难识别真品与假货，使得少量假货影响大量真品的销售和利润，造成恶性竞争，使得企业没有利润、国家没有税收，从而企业就没有心思做好产品。在供应链端，仓配成本高，物流主体间协同水平较低，供应链金融服务发展滞后。为此，中国一县一特数字化平台通过突破传统产业链的关键痛点，重构传统产业链的供需匹配与产业主体协同模式，为农业全产业链建设数字化平台。通过对产品的权威认证、溯源跟踪和担保，通过交易的信息化、数据化、智能化建设，解决信任、品控、价格评估等关键问题，以实现交易环节的增信降本增效。数字化平台通过提供买卖双方直接沟通与交易的平台服务，以破除供需双方的信息不对称问题，提高上下游供需匹配效率。在供应链端，聚焦解决三大核心痛点：产业主体普遍面临仓储成本高、物流配送协同水平低以及供应链金融服务发展滞后，从而难以缓解买卖双方的资金压力等痛点，数字化平台加快产品标准化建设以降低仓储成本、强化物流配送全流程的信息监控力以提高物流主体的协同能力，以及深化大数据风控应用能力以提供有效的供应链金融产品。这利于充分挖掘整个产业供应链的数字化升级价值，并为供给侧高水平转型升级提供"供应链数字力量"的强动力。

（三）为特色产业提供网格化服务

1.创新服务网络。中国一县一特云平台按照"1+5+N"思路建设县级融创中心、镇级融创基地、村级融创站点，使之成为内部需求的连接器、外部资源的转化器、产业人才的孵化器、区域发展的加速器。结合"一村一书记一基地三助理七商百企一中心"产业链模型，推动共同富裕，助力乡村振兴。按照"1+5+N"的思路建设县市区级的乡村振兴融创中心，即：用 1 个"中国一县一特云平台"做统筹，用党群服务中心、科技展示中心、教育培训中心、创业孵化中心、产业运营中心"5 个中心"做运营，辅之以"N 个组件"做支撑，其中包括智慧党建平台、科技成果转化平台、智慧化培训平台、人力资源服务平台、电商直播平台等。

2.实现城乡联动。乡村振兴的重要举措是城乡融合，村里有供应服务点，城里就要有标配的展示、体验、宣促、售后服务站，进而打通城乡之间的连接，传递城乡的声音，讲好城乡之间的故事。为此，在城市社区设立乡村振兴服务站，通过"三进三出四通"，实现城乡深度联动。一是坚持公益先行。城市党政机关、街道、社区、商协会、志愿团体、公益团体、爱心企业、爱心商家、爱心人士共联共建一个公益型社区服务站，提供各地域农副产品展示、日用百货展示、跨境产品展示、家居家政惠民服务、名誉村民招募服务、困难职工爱心集市、志愿者之家等多项功能。二是实施村社结对。通过社区服务站促进乡村社区结对、村社共建、结对互助、城乡融合，着力构建城乡社区互帮互助常态化，打造"你中有我，我中有你"的长效化机制，形成以城带村、以村服城、城乡互动、双向受益、共同提高的城乡协调发展新格局。截至 2021 年末，已经在北京、杭州两地开门店，在北京规划建设 1000 个社区服务站，覆盖 2.4 万个社区。三是推动创业就业。为解决应届毕业生、返乡留乡农民工、退役军人、残疾人等群体就业创业的问题，创新推动政、农、商、军、残、学、妇、困就业创业产业融合，按照各群体优势分工，互助互联互通互建，达成自给自足的产教融合模式，形成一个稳定持续长久健康的产业链。在北京规划的 1000 家店面将带动就业创业者一万人以上。

三、主要案例

（一）案例一：屏山茵红李

屏山县因其交通不便、缺乏支柱性产业等原因，一度成为国贫县。2016 年，屏山县特邀好实再集团董事长、中国一县一特云平台负责人张天文带队前来实地考察。在多个农产品的对比研究后，确认茵红李在气候、土壤、水质等各方面都具备天然优势，果子在颗粒、口感上都有潜在市场竞争力和地方代表性，适合规模发展。为此，屏山县组织召开了茵红李推荐交流会。来自屏山县各乡镇的所有水果种植大户、屏山电商产业协会成员共聚一堂，深入了解一县一特云平台模式，交流探讨如何应用在茵红李上，带动从种植到销售的全产业链发展。之后，屏山县掀起一股茵红李种植风潮，所有供应商通过一县一特云平台完善溯源保真和供应链管理，实现全渠道销售服务；所有产品快速抵达云平台连接的几十个县市的合伙人以及电商平台，品牌形象和产品销售都得到飞跃性的提升。

从 2016 年至 2018 年，三年间屏山茵红李通过一县一特云平台获得大量优质的合作商家，年总产量突破 10 万吨。2021 年更是达到 13 万吨，

图 27-3　屏山县茵红李推荐会

图 27-4　屏山县茵红李

全县茵红李总产值实现 8 亿元，4000 多农户脱贫，成功摘掉了国贫县的帽子，茵红李也当之无愧成为屏山县的特色名片。

（二）案例二：荆州小龙虾

荆州是全国小龙虾最大的养殖和集散地，但是业界一直有三分之一虾农亏本的说法，根据荆州小龙虾协会 2020 年的调研，超过 80% 的养殖户对小龙虾市场缺乏信心。

2021 年，一县一特云平台开始布局荆州小龙虾市场，成立一县一特（荆州）渔业发展有限公司，并在荆州公安县设立生产基地。基地占地 71 亩，建有标准厂房 4 栋，面积五万余平方米，拥有小龙虾生产线 5 条，万吨冷库一座。针对荆州小龙虾品质不一的问题，荆州公司充分利用平台的技术优势，对小龙虾的养殖、加工、销售、冷链物流等整个产业链条进行全程溯源追踪，做到一物一身份证，以实时查询，用区块链、物联网技术取代口口相传的传统技巧，在保证品质的同时，还提升了产业效率。针对虾农亏本的问题，公司在荆州成立中国一县一特小龙虾交易平台，让更多的合作走进荆州，也让好产品通过大宗交易走出去；同时，对小龙虾进行深加工，制作香辣味、蒜蓉味等各种口味的调味虾，通过品牌化包装形成一县一特精选小龙虾，提升了小龙虾溢价空间和市场竞争力。上线一个月，就成功销售 2800 多万元，预估年销售量 2 万吨，年销售额 3 亿元。

（三）案例三：恩施神农硒

恩施是迄今为止"全球唯一探明独立硒矿床"所在地，在 2011 年 TEMA14 大会上被授予"世界硒都"殊荣。随着硒元素对人类健康的价值日益凸显，硒产业具有非常可观的市场前景。

2020 年，中国一县一特云平台走进恩施成立分公司，组建专家团队和营销团队，开始了硒产品的产业化升级之路。一方面，联合本地龙头企业创立"神农硒"品牌，开发生产神农硒水、神农硒茶、神农硒酒等系列产品线，并入驻中国一县一特云平台。引进中检集团，对神农硒的源头包括星斗山水源、齐云春茶叶土壤、神农老窖水质都进行了严格的勘察和检测，其硒的含量远高于同类产品，其中神农硒水在 2020 年南京农村电商供应链博览会上被授予"恩施一县一特最佳富硒产品"。经过一年的努力，实现了神农硒产品从源头检测、包装升级、溯源追踪到品牌赋能的提升。

另一方面，积极推动神农硒产品全渠道矩阵覆盖。2021 年与恩施当地政府联合成立恩施一县一特交易中心，将水、茶叶和高粱等富硒产品引入平台大宗交易，每个月产生 1 亿元左右交易量，贵州茅台也签下 5000 万元恩施高粱采购合同。同时，线上开设一县一特恩施馆（包括京东馆、天猫馆、拼多多馆等），线下联动上万个生态餐馆、永辉和大润发等大型商超，将所有神农硒产品进行全渠道无缝对接，引入优质合作商和精准消费群体。2022 年，神农硒茶和白酒全新升级入市，预计将带来 8000 万元的创收。

接下来，将在恩施成立一县一特体验馆，进一步将产品线辐射到神农硒蜂蜜、神农硒大米等，充分开发挖掘本地最具价值的硒产品，在助力乡村振兴的同时，真正将富硒产品做成恩施的全球一县一特名片。

江山农高银行

JIANGSHAN RURAL COMMERCIAL BANK

江山市农户小额普惠贷款工作座谈会

　　浙江江山农村商业银行股份有限公司（简称江山农商银行）成立于 2015 年 1 月，是一家支持"三农"和"小微"经济社会发展的地方银行。前身为江山市信用联社、江山农村合作银行，经过几十年的发展壮大，已成为地方支农支小贡献最大、服务范围最广、机构人员最多、综合实力最强的金融机构。现辖属 1 家营业部，8 家支行及 32 家分理处，共 41 家营业网点，建成社区金融便利店 1 家，丰收驿站 308 家，员工 525 人。

　　经过一代一代农信人的努力，经营实力不断增强，风控能力进一步提升，经营规模稳步壮大。截至 2021 年末，五级不良贷款率为 0.57%，拨备覆盖率 938.25%；存、贷款余额分别占当地 19 家金融机构的 44.11%、36.7%，存贷总量连续 20 年稳居当地 19 家金融机构首位，超过当地中农工建交五大国有银行存贷总量之和。

　　社会履责能力不断彰显，公众影响力不断提高，支农支小成效显著，主力军的地位凸现，每 10 个江山人就有 8 个人得到江山农商银行服务，每 5 家江山企业就有 1 家与江山农商银行携手同行。连续多年蝉联江山市"纳税十强企业"和江山市"最佳满意单位"，先后荣获全国金融机构"服务三农最佳社会责任奖""最佳服务贫困农户金融机构"等荣誉。

江山
农商银行

打造小额普惠新样板
"贷"动乡村振兴高质量发展

浙江江山农村商业银行股份有限公司

　　浙江江山农村商业银行股份有限公司（以下简称江山农商银行）以数字化改革为引领，推动以人为核心的全方位普惠金融做深做实做透，率先在全国打造农户小额普惠贷款的"江山样板"，为乡村振兴战略高质量落地注入强大动能。其创新做法在全国首届普惠金融助力乡村振兴论坛等省级及以上单位交流 21 次，先后入选浙江省农业领域争先创优"最佳实践"案例、浙江省共同富裕示范区首批缩小收入差距典型案例。

一、背景与概况

　　实施乡村振兴战略，是决胜全面建成小康社会、全面建设社会主义现代化国家的重大历史任务，发展农村金融服务是促进乡村振兴的重要支撑，在服务乡村振兴的道路上，为提升普惠金融服务的覆盖面，金融正在以新的模式突破。江山农商银行创新推出的农户小额普惠贷款，立足以人为核心的全方位普惠金融总目标，围绕"普惠、便捷、便宜、足额"的新思路，突出"全覆盖、简流程、数字化、体验优"的新要求，通过集成改革和创新驱动，实现了信息智能采集"一个不少"、授信全民无感"一人

图 28-1　浙江省农业农村厅、省农信联社领导调研农户小额普惠贷款

不漏"、额度反馈有感"一户不落"、线上签约增信"一次不跑"、用信掌上放贷"一秒不误"的新突破。"智能采集""无感授信""有感反馈""线上签约""掌上放贷"像一串流动的珍珠，串起了农户小额普惠贷款流程再造与制度重塑，跃入眼帘的是产品功能的突破与特色提升。"一个不少""一人不漏""一户不落""一次不跑""一秒不误"像一缕暖融融的春风，吹拂的是产品覆盖广度，心底感知的是产品带来的温度与速度。该模式全面向浙江农信系统推广，到 2021 年初，浙江农信系统已为全省 957 万农户提供小额普惠贷款授信 14409 亿元，在全国率先实现农户小额普惠贷款全覆盖，成效明显。

二、做法与创新

（一）信息智能采集"一个不少"

江山农商银行提供算法模型，依托政府一体化智能化公共数据平台，通过"省市数据回流、本地数据归集"等数字化手段，打破了农业农村、公安、民政、国土等 10 部门"信息孤岛"，完成了农户基本信息、家庭资产与负债、正面荣誉与负面失信等 13 类 127 项农户信息线上智能采集，突破了原走家串户"在外人员采集难、信息采集成本高"等上门采集信息的弊端，实现了农户信息采集低成本，"一个不少"全覆盖。

（二）全民无感授信"一人不漏"

突出"客户无感、基础保障"的特点，让数据多跑路，农户不跑腿。江山农商银行以智能采集到的农户信息为维度，建立授信数据模型跑批授信，把年龄在 18—65 周岁有完全民事行为能力，无违法、不良行为等负面清单的农户个人，全部纳入授信对象（夫妻双方授信一人），给予一定额度的基础授信，从信息的采集到授信完成，全程无需农户提供任何资料，无需回答一个问题，做到无感授信"一人不漏"。

（三）授信有感反馈"一户不落"

不怕农户不用信，只怕农户不知信，授信额度不能精准反馈给每一位农户，其"智能采集"和"无感授信"最终得到的只是一串冰冷的数字。江山农商银行政银合作，发挥全市乡镇村干部和金融网格员人熟地熟情况熟的优势，上门走访发放告知信、张贴告知书，一对一将授信额度、利率等信息反馈到农户本人，让农户听明白、懂操作、会使用，确保农户及时掌握授信信息，授信有感反馈有温度。

（四）线上签约增信"一次不跑"

全面推动"最多跑一次"改革向农户普惠贷款延伸，线上签约增信"一次不跑"。农户有增加贷款额度实际需求时，可通过江山农商银行"亲近助手"微信小程序、政府"村情通"平台，线上查询贷款额度，提交房产、车辆及个人经营情况等信息，当天即可满足农户的差异化提额需求，最高可为农户提供 50 万元的小额信用普惠贷款授信。

（五）用信掌上放贷"一秒不误"

传统贷款模式，客户申请信贷服务往往需要提供个人身份证、户口本、结婚证，甚至是个人交易流水等证明材料，十分繁琐耗时。农户小额

图 28-2　江山市农户小额普惠贷款推进会

普惠贷款推出丰收互联"浙里贷"纯线上办贷模式，将农户授信白名单批量导入大信贷平台，实现农户在手机端远程贷款合同签约、按需用款全程掌上通办，快签快贷有速度。

三、成效与反响

（一）全民授信，普惠金融"无盲区"

江山农商银行对全市 18—65 周岁无负面信息的农村居民全部给予 3 万元无差别的基础授信额度，做到"一个不少、一户不落"。截至 2021 年末，江山农商银行已为 15.1 万农户提供农户小额普惠贷款授信 269 亿元，授信覆盖面达 100%。江山市外出创业经商的有 15 万人，对这类群体普

图 28-3　农户小额普惠贷款授信告知信发放部署会

惠授信签约，以往仅靠春节期间进村入户走访采集信息后进行授信签约，劳心费力，效果一直不理想。农户小额普惠贷款创新的"无感授信""有感反馈"模式突破了传统的做法，实现了外出创业经商人员授信全覆盖。

（二）赋能产业，乡村振兴"促发展"

乡村振兴，出路是乡村产业转型升级。江山农商银行聚力江山市打造全国乡村振兴先行区，专设农户小额普惠贷款 50 亿元专项资金计划，支持农户发展食用菌、猕猴桃、中药材、茶叶、蜂业，特色种养殖产业，促进农业五大特色产业转型升级。2021 年，江山市蜂业、食用菌、猕猴桃、茶叶及中药材等产业产值均稳中有增，分别同比增长 12.55%、10.74%、12.82%、15.04%、13.27%。依托当地世界自然遗产、国家 5A 级旅游区江郎山等旅游生态资源优势，加大小额普惠贷款对乡村生态旅游、休闲产业扶持力度，培育休闲农业区（点）44 个，休闲观光农业园区面积达到 3.28 万亩，农家乐旅游村（点）70 个、星级农家乐 411 家。2021 年休闲观光接待游客 1017 万人次，总产值 8.07 亿元，农产品旅游销售总额 3 亿元；农家乐接待游客 885 余万人次，收入近 5.11 亿元，带动农户增收 2.6 亿元。

（三）融入治理，乡风文明"同频振"

乡村治理是乡村振兴的基础。江山农商银行深度融入乡村基层治理，加大乡村治理体系和治理能力建设，将农户的家庭美德、个人品德、最美家庭、党员先锋、村班子建设、社会治理参与度等与农户小额贷款增信有机结合起来，给予 1 万—5 万元的授信额度，让有德者有得，将乡村社会治理"软环境"变为融资"硬实力"，有力推动乡村现代化社会治理体系建设。如江山市贺村镇狮峰村将农户小额普惠贷款授信与家庭卫生环境条件作为荣誉额度增信标准之一，经过近 4 个月的整改，全村环境整洁卫生示范户及垃圾分类示范户比例由原来的 15%提高至 30%以上。

（四）助力脱贫，消薄攻坚"促增收"

农户小额普惠贷款无差别全覆盖授信，让一大批"资质差""资产少"，但"信用好""敢拼搏"的低收入群体能享受到无差别的普惠金融服务，对全市 5694 低收入农户授信金额 4.95 亿元，对低收入农户创业增收注入强大的金融增量。2021 年低收入农户人均可支配收入达 1.7 万元，位居浙江省衢州市第一。同时，江山农商银行总结提升农户小额普惠贷款扶贫经验，拓展延伸到经济薄弱村"消薄"工作，与江山市 63 个经济薄弱行政村达成消薄战略合作，挖掘其自然生态资源和文化内涵，突出乡村产业优势，注入金融活水，拓宽消薄活路，助力村级集体经济发展壮大。截至2021 年末，江山市所有行政村经营性收入均破 15 万元，24 个行政村突破 100 万元。

（五）梧高花香，誉不绝口"纷至来"

农户小额普惠贷款"江山样板"，在全省农信系统迅速推广，并成功入选浙江省农业领域争先创优"最佳实践"案例，为江山市获得 900 万元奖励资金、90 亩土地指标、4.5 万多吨能耗标煤，同时入选浙江省共同富裕示范区首批缩小收入差距典型案例。"这项工作做得好，体现了金融赋能，精准普惠，通过集成改革和创新举措，提升了便利程度，值得借鉴和推广。"这是浙江省政府对其的肯定。学习强国、新华网、《农民日报》、《金融时报》《浙江日报》等国家、省、市、县 30 多家媒体都对该项创新做法作了肯定报道。其中，《浙江日报》在头版醒目位置做了报道，受到了社会和业界的广泛关注和点赞。广东、湖南、贵州、江西、江苏、山东等省农信系统来江山考察学习，提升了农户小额普惠贷款的影响力。

四、启示与思考

（一）打造一个"村强民富"新路标，人民至上是核心

以村强民富为目标，以浙江农信统一价值观为领引，把服务挺在最前面，坚持金融改革创新发展为了人民群众、依靠人民群众、发展成果由人民群众共享，让人民群众感受到金融改革创新成果，这是创新推进农户小额普惠贷款始终坚持的核心。本次农户小额普惠贷款实现了授信全覆盖，更重要的是让一批"资质差""资产少""信用好""敢拼搏"的低收入群体分享到普惠授信的成果，有了创业增收"金融活水"的滋润。

图 28-4　银行员工宣传农户小额普惠贷款

（二）创出一条"无感授信"新路径，科技赋能是关键

运用现代化信息技术，与大数据中心、承包地确权、农房管控等市政府大数据平台对接，建立共享数据平台，采集基础信息、资产信息、负面清单等 13 大类 127 个子信息数据，结合江山农商银行连续十二年"走千访万"积累的金融数据，进行综合数据清洗、治理，建立标准化信息采集和初评授信数据模型，在全国率先创新推出一条农户信息智能采集、公议授信、授信名单导入后台系统的全流程"无感授信"最佳路径，为小额普惠金融覆盖率、可得性及满意度等领域提供了颠覆性动能。

（三）踏实一条"有感反馈"新路子，政银合作是保障

在省联社与省农业农村厅战略合作框架下，江山农商银行与江山农业农村局、乡镇等政银合作，层层推进，步步深入，踏石有痕，走实"有感反馈"最美路子。首先，通过公告、短信、普惠讲堂、8090 宣讲齐宣传，提高知悉率。其次，农业农村局、乡镇村干部和金融网格员齐出动，逐村逐户实地走访送达授信"告知信"，通过扫码后凭验证码签收，确保将授信额度、利率等信息真实反馈到农户本人。然后，市政府和农商行以任务图、时间表、责任状、进度表、通报督导、考核挂钩等形式，督促乡镇、村干部抓落地保实效。截至 2021 年末，全市共有 39.6 万人次实地上门送达"告知信"，告知到户率达 100%。

（四）点亮一盏"基层治理"新路灯，乡村善治是抓手

社会治理工作最坚实的力量支撑在基层。江山农商银行建立"两张清单"，纳入小额普惠贷款授信评价体系，深度融合乡村基层治理，主动做群众需要的、政府想做的事，得到当地干部群众的一致好评。一是将先锋党员、有礼家庭、遵纪守法户等 14 项"正面清单"与农户贷款增信提

图 28-5　农户小额普惠贷款科学评价等政策宣传

额紧密融合；二是将嗜赌、吸毒、非法信访户等 14 项"负面清单"作为农户授信准入门槛一票否决，并对无"负面清单"年满 18 周岁以上的公民实行无差别基础授信。通过正向激励和负面惩戒，做强融资普惠"硬实力"，并以此做优乡村振兴、基层治理"软环境"，点燃"基层治理"最亮路灯，对于建设充满活力、和谐有序、安定繁荣的社会主义善治乡村具有积极的推动作用。农户小额普惠贷款首批推进清湖街道清泉村入选"第二批全国乡村治理示范村"。

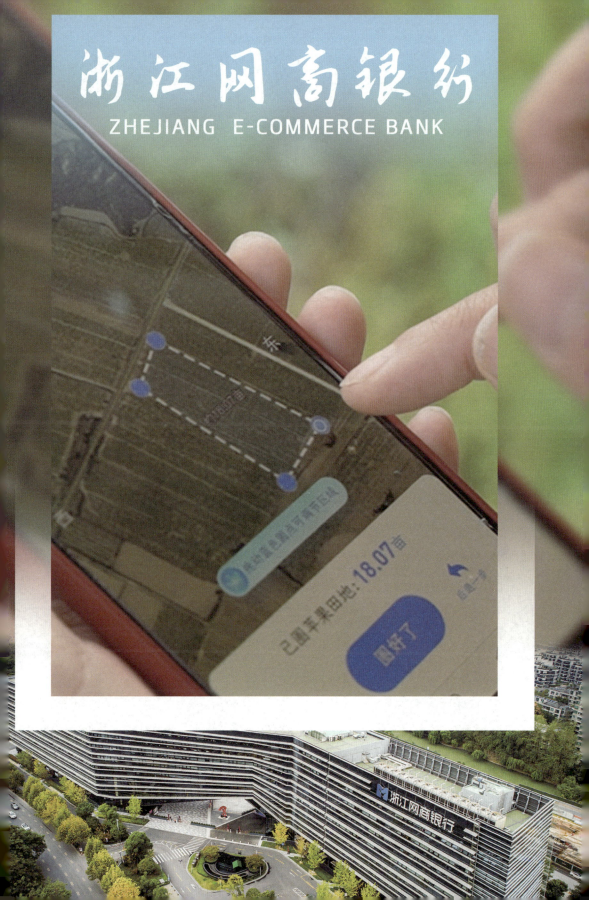

浙江网商银行
ZHEJIANG E-COMMERCE BANK

浙江网商银行股份有限公司于 2015 年 6 月 25 日正式成立，是由蚂蚁集团发起，银保监会批准成立的中国首批民营银行之一，以"无微不至"为品牌理念，致力于解决小微企业、个体户、经营性农户等小微群体的金融需求。

网商银行持续科技探索，深入布局前沿技术，是全国第一家将云计算运用于核心系统的银行，也是第一家将人工智能全面运用于小微风控、第一家将卫星遥感运用于农村金融、第一家将图计算运用于供应链金融的银行。

作为一家科技驱动的银行，网商银行不设线下网点，借助实践多年的无接触贷款"310"模式，为更多小微经营者提供纯线上的金融服务，让每一部手机都能成为便捷的银行网点。

截至 2021 年末，数字信贷业务累计服务的小微经营者超 4500 万。作为普惠金融的有益补充者，网商银行更加关注"空白市场"和"薄弱地带"，最近一年的新增用户中，超过 80% 的用户此前从未获得过银行的经营性贷款。

网商银行

卫星遥感和人工智能技术
在智能化农村金融的创新应用

浙江网商银行股份有限公司

一、案例概述

网商银行采用卫星遥感技术获取种植大户的作物全生长周期遥感影像，为农户授信策略提供可信任、可追溯的数据源。在卫星遥感技术基础上，还进一步运用人工智能图像识别技术分析遥感影像。这项卫星遥感信贷技术代号"大山雀"。

基于深度神经网络、Mask-RCNN 等 AI 模型算法，网商银行建立了28 个卫星识别模型，涵盖水稻、小麦、玉米等作物全生长周期识别、地块识别、云块识别等模型。实现作物品类、种植面积、长势情况的识别，建立作物种植画像，了解农户贷款需求时点及授信动态管理。此外，采用大数据风控技术构建特色种植品类（果蔬茶等）行业风控模型，实现农户的精准授信，提升农户的融资效率。截至 2021 年末，模型准确率达 93%以上，处于行业领先水平。

基于卫星遥感技术，有了非常复杂数据的输入，又结合阿里云强大的云计算能力、行业经验以及结合 AI 量化风控的模型，网商银行实现 3 分

图 29-1　浙江网商银行大楼

钟申请贷款，1 秒钟发放，全流程 0 人工干预。通过提供方便、快捷、普惠的纯数据化信用贷款，服务中国亿亩良田，助力乡村产业振兴。

作为全球第一个将卫星遥感技术运用于数字贷款领域的项目，截至 2021 年末，在全国范围内，已经深度合作超 1000 个涉农县区，为农村普惠金融开拓出新的科技解决方案。

二、主要做法

（一）科技赋能提升用户体验

2021 年数字普惠金融被首次写入中央一号文件。文件提出，"发展农村数字普惠金融，并支持市县构建域内共享的涉农信用信息数据库""大力开展农户小额信用贷款、保单质押贷款、农机具和大棚设施抵押贷款业务""鼓励开发专属金融产品支持新型农业经营主体和农村新产业新业态，增加首贷、信用贷"。

网商银行于 2015 年 6 月 25 日正式成立，是由蚂蚁集团发起，银监会批准成立的中国首批民营银行之一，也是第一家将核心系统架构在金融云上的科技银行，没有线下网点，通过互联网为用户提供服务。

基于金融云计算平台，网商银行拥有处理高并发金融交易、海量数据和弹性扩容的能力，借助实践多年的无接触贷款"310"模式，发挥互联网和数据技术的优势，专注为更多小微企业和个人经营者提供金融服务，帮助解决小微群体融资难融资贵、农村金融服务匮乏等问题，促进实体经济发展。

（二）金融科技探索普惠金融新模式

1.变换角度查症结。网商银行在为农户提供服务的过程中，发现农村金融领域信用体系正处在建设阶段，缺乏有效抵押物、运营成本高、覆盖程度低，使得农户较难获得便捷优质的金融服务。从数据角度看，数据源呈现小、散、乱的特点，数据缺乏公信力。同时，农业生产经营数据获取难，数据更新不及时。从风控角度看，行业风险、区域风险差异大。数据缺乏交叉验证方式"地在哪里？种的是什么？长得怎么样？有没有受灾及病虫害？"都成为授信难点。

2.创新技术解难题。为更好地服务"三农"，解决生产端农户贷款难的课题。2019 年开始，网商银行积极探索通过卫星遥感技术结合 AI 模型算法获取可信动态数据，并创造性地将识别结果应用到涉农信用贷款模型中。具体来说，网商银行基于深度神经网络、Mask-RCNN 等 AI 模型算法建立了 28 个卫星识别模型，涵盖水稻、小麦、玉米等的全生长周期识别、地块识别、云块识别等模型，以此来解决农户种的是什么，种多少，种的好不好的问题。网商银行用卫星遥感获取初步图像，并对应到地球上的土地。通过获取多张卫星遥感图像，可以得到这个地块过去一段时间的信息，把这些图像信息输入人工智能系统里面，利用深度神经网络算法从一系列的遥感卫星图像里面去识别出对应地块上的农作物。同时，遥感影像每个像素对应地球上的地表面积是已知的，根据图像像素的数目×每个像素的面积就可以得到一个地块的实际面积。以往由于农民缺乏有效抵押和担保，"活"数据不足，金融机构不够了解农户，无法评定农户的信用情况，导致农村金融一直是行业难题。有了卫星遥感信贷技术的加持，农民贷款难的问题有机会得到一定程度的解决。

3. 模型风控更便捷。现在，农户拿着手机，绕地走一圈，或是在支付宝上把自己的地在地图上圈出来，卫星就可以去识别这块地的农作物面积、作物类型，分辨出水稻、玉米、小麦、花生、烟草等多种作物，识别的准确率已达到93%以上。而农户圈出的地块是否准确，也可以和农户在政府机构登记的土地流转、农业保险等数据进行交叉验证。有了这个关键信息，再结合气候、行业景气度等情况，通过几十个风控模型，就可以预估产量和价值，从而向农户提供额度与合理的还款周期。

4. 全程评估更精准。不同于传统的信贷金融机构，只是在农户申请贷款时关注其生产经营状况，通过卫星遥感可以掌握农户历史过往所有的生产经营的记录，以及发放贷款以后的实时情况，其中包括识别作物的长势，以及考虑他们可能遭受的自然灾害，以及预测作物产量，所以能够更加精准的对农户的个人信用以及生产种植行为做出评价，从而评估农户的资产。以五天为周期，网商银行需要实时更新卫星影像和识别结果，监测农作物的长势，判断作物所处的育苗期、拔节期或收割期等阶段，进而分析农户插秧、打药、追肥以及收割时期的不同资金需求。

5. 升级应用更全面。2021年9月网商银行还对卫星遥感技术"大山

图 29-2　"大山雀"技术升级现场发布会

雀"进行了升级，在已有的小麦、水稻等主粮作物识别能力的基础上，新增了苹果、猕猴桃等经济作物品类的识别能力，这也意味着，许多果农贷款难的问题有了新的解决方案。升级后的"大山雀"，其作物识别算法模型，实现了融合识别不同分辨率的影像，提升了水果等经济作物的识别精度，在业内属于首次。升级后的"大山雀"，还可根据各类信息源建立农业知识图片库，能利用地形、降水、积温、历史产量等知识提升作物识别效果。网商银行让算法机器掌握了人工经验。

（三）金融技术创新服务"三农"群体

1.图像处理技术应用。从遥感卫星上下载的数据需要一系列的遥感图像算法处理，以云块识别为例，我们用人工智能的算法自动识别，经过处理后，可以得到清晰可用的人工智能算法识别影像。同时，卫星围绕地球转，每次经过地块时都会拍到一幅影像，因此可以得到这个地块过去一个月甚至一年信息，把这些图像信息输入到的人工智能系统里，利用深度神经网络算法，从一系列的遥感卫星图像中识别出地块上的农作物。

2.作物识别算法。网商银行用语义分割技术对遥感影像进行像素级别的农作物类别识别，语义分割算法能标注出每一个像素点是什么农作物。奔驰的母公司戴姆勒公司联合了德国顶级的研究机构组织了 cityscapes 语义分割比赛，网商银行排名第一，二、三名分别是英伟达和谷歌。

3.创新风控数据源。基于卫星遥感技术，可以获得种植作物全成长周期影像，创造了新的可信动态数源，丰富了农户的可信数据，并可链接承载其他分散数源建立精准全面的农户风险评估及管理体系，为"三农"客户融资风险评估增加可信数据源。

4.遥感数据多维应用，保持数据的持续更新。贷前阶段识别作物种类及面积给出授信额度；贷中阶段识别作物长势监控潜在风险，动态调整授信额度，有效提高风险抵御能力，增强客户满意度。从而能够大面积提升农户的贷款可得率，让更多信用良好的生产经营农户"被看见"，可以获得便捷优质的金融服务。

5.低成本、高覆盖的业务特点。遥感卫星是人造卫星的一种，可在规定的时间内覆盖探测整个地球或指定的任何区域，沿地球轨道运行时，卫星可连续获取地球表面某指定区域的遥感影像数据。随着技术成熟，卫星遥感结合人工智能图像识别算法在农作物识别及长势监测方面，有着准确率高、覆盖范围广、时效性强、成本低等特点。

三、真实农户案例

中央一号文件多次提出要保障粮食生产及供应，网商银行卫星遥感技术的应用最先研发了全部主粮作物的模型（玉米、水稻、小麦等），截至

2021 年末，卫星遥感信贷技术"大山雀"已覆盖全国超 1000 个涉农县区，在金融服务最难触达的县域和农村地区，科技银行的数字普惠金融已经打开局面。

江西省余干县杨作波：第一个通过卫星遥感技术获得贷款的农户

在距离江西省南昌市 2 小时车程的余干县，40 岁的杨作波，从 2016 年流转了村里 375 亩土地，成为新型职业农民。过去，虽然年水稻亩产千斤，杨师傅仍然需要为资金周转伤脑筋，而现在，他用手机支付宝的小程序描点，在地图上圈下自己的地块，几分钟就贷到了款。"以前，向银行贷款递交完材料，还要等上好几个礼拜，没想到，现在简简单单在手机圈个地，就能帮我贷到款"，杨作波感叹道。让杨师傅更没想到的是，帮他贷到款的，其实不仅仅是地上的田，还有天上的卫星。 江西省余干县是网商银行落地卫星遥感技术贷款的首个县域，杨作波也成为通过卫星遥感技术获得无接触贷款的第一个人。杨师傅 2021 年贷款 2 万元，主要用于土地租金、购买种子化肥农药，年收入 80 万元，净赚 20 万元左右。

安徽省蒙城县郭凯：卫星遥感信贷技术首次应用于国内春耕的农户

2021 年三月春耕时，安徽省蒙城县的种粮大户郭凯，第九年参与春耕。让他没想到的是，今年春耕，他的 1200 亩地迎来了一位"科技助手"！ 郭凯在手机上圈了自己的地块，天上的卫星迅速观测地块状况，几分钟时间，"天地连接"，他就获得了 29 万春耕贷款，还免除了 2 个月利息，可以用于购买化肥和租赁农具了。

春耕是农户一年之中最缺资金的时节。正如郭凯所说："春耕最缺钱的就是种粮大户，我这一千多亩地，我走路哪走的完，从来没走全过。现在用手机圈地，网商银行用卫星就知道我的资金需求，解决了大问题！"

图 29-3　安徽省蒙城县种粮大户郭凯

　　郭凯所在的安徽省，是产粮大省，也是率先引入该技术的省份之一。为更大力度支持春耕农户，安徽省与网商银行深入合作数字普惠金融的16个产粮县城，春耕的种粮大户不仅可以手机申请春耕贷款，还最高可免除60天利息，覆盖整个春耕时节。

陕西洛川陈小莉：卫星遥感信贷技术升级首批应用于苹果产业的农户

　　陕西是全国苹果种植大省，在全国苹果产量排名第一，全国每四个苹果就有一个来自陕西，在2021年洛川国际苹果节上，陕西的苹果果农也率先尝鲜这一新技术。

　　丰收之际正是用钱压力最大的时候，洛川果农陈小莉在手机支付宝上圈出了6块田地，有10亩是苹果园，几分钟后，用于垫付采摘工人工资

返乡创业青年陈小莉，想把洛川苹果卖到全世界。今年丰收节，
她也是首批通过"大山雀"获得网商银行贷款的果农

图 29-4　洛川果农陈小莉

的货款就到账了。"以前贷款手续多，还得抵押，现在手机点一点，天上
的卫星都能帮忙贷款。作为一个洛川果农，我挺骄傲的！"陈小莉说。

四、所获荣誉

2020 年 8 月入选央行杭州中心支行监管科技创新试点项目（即监管
沙箱），并于 2021 年通过阶段性测试工作，已正式出箱，全面商业化。

2021 年 6 月入选农业农村部公布的 2021 数字农业农村新技术新产品
新模式优秀案例。

2021 年入选首份全球农村金融创新报告中的"全球农村金融创新榜
单"，成为中国唯一入榜的创新技术。

在国际语义分割 cityscapes 榜单上排名蝉联第一。

图 29-5　2021 全球农村金融创新榜单

呼和浩特市消费帮扶示范服务中心

2020年京蒙消费扶贫北京集采推介会

集采签约

　　为深入贯彻习近平总书记重要讲话精神及中央、自治区、呼和浩特市关于大力实施消费帮扶工作决策部署，呼和浩特市乡村振兴局建成消费帮扶示范服务中心，委托内蒙古农通电子商务有限责任公司运营，搭建消费帮扶公共服务平台，进一步推动呼和浩特市消费帮扶行动，规范帮扶产品销售行为，促进呼和浩特市经济薄弱地区帮扶产品产销健康良性发展，巩固拓展脱贫攻坚成果同乡村振兴有效衔接。

　　呼和浩特市消费帮扶示范服务中心建设总面积700平方米。以"1+6"的模式建设，即：一个消费帮扶展示中心；六个公共服务区域，包括公共展贸展销区、消费帮扶数字直播区、乡村振兴培训活动区、消费帮扶品牌孵化区、消费帮扶金融服务区、消费帮扶（产业振兴）智库路演区。

　　呼和浩特市消费帮扶示范服务中心成立以来，采取京蒙两地共建的方式，在呼和浩特拥有一个线下消费帮扶示范服务中心，在北京建立销售示范专区，在京蒙两地全面推开呼和浩特农特产品的线下消费示范帮扶渠道。依靠平台支撑和产业链的不断延伸，指导帮扶企业围绕客户需求，连接起企业与用户间价值链的关键点，帮助帮扶企业不断构建和完善创新创业生态系统，推动企业服务能力和整体竞争力的提升，不断打造全区可借鉴可复制的消费帮扶新模式，把消费帮扶行动推上一个新台阶。

呼和浩特市
消费帮扶
示范服务
中心

借京蒙协作之东风　扬乡村振兴之民心帆

呼和浩特市消费帮扶示范服务中心

　　呼和浩特市消费帮扶示范服务中心是由呼和浩特市乡村振兴局指导建设的京蒙消费帮扶示范点，内蒙古农通电子商务有限责任公司通过招采被选为运营单位。

　　在东西部区域协作的大战略背景下，中心紧抓京蒙协作机遇，通过跨地域、跨行业、跨领域整合北京、呼市两地及全国平台、渠道资源，致力

图 30–1　京蒙消费扶贫北京集采推介会签约仪式

打造服务"三农"的新型消费帮扶助农平台。中心自建成以来，通过在北京、重庆、上海、深圳等地开展集采对接会、品鉴体验等活动，带动呼和浩特市特色农畜产品直接销售 1.64 亿元，带动全区其他盟市特色产品销售 8376 万元。

一、背景与起因

1996 年党中央、国务院作出开展东西扶贫协作的重大决策，决定北京对口帮扶内蒙古的贫困旗县，京蒙两地建立了对口帮扶关系。1997 年初，时任北京市委书记贾庆林率团来内蒙古考察，并签订了《扶贫协作和经济技术合作会谈纪要》，宣告两地正式展开"对口帮扶"之旅。截至 2021 年，京蒙协作已经走过 25 年的历程，京蒙两地通过构建全方位、宽领域、多层次的协作机制，逐步形成了优势互补、长期合作、聚焦扶贫、互利共赢的良好局面。京蒙对口帮扶合作是中央东西部扶贫协作重大战略部署，是支持民族地区、西部地区发展的重大决策，也是贯彻民族区域自治法、促进各民族共同繁荣发展的重大举措。

2016 年，习近平总书记在宁夏银川主持召开东西部扶贫协作座谈会时指出，东西部扶贫协作和对口支援，是推动区域协调发展、协同发展、共同发展的大战略，是加强区域合作、优化产业布局、拓展对内对外开放新空间的大布局，是实现先富帮后富、最终实现共同富裕目标的大举措，必须认清形势、聚焦精准、深化帮扶、确保实效，切实提高工作水平，全面打赢脱贫攻坚战。为贯彻落实习近平总书记重要讲话精神，京蒙两地齐心协力，集中集聚各类资源，不断拓展帮扶领域，健全帮扶机制，优化帮扶方式，京蒙协作实现了全面提档升级，31 个国贫旗县全部实现摘帽，56.35 万名贫困人口实现脱贫。

消费帮扶是京蒙协作重要工作内容之一。为深入贯彻落实中共中央、国务院《关于实现巩固拓展脱贫攻坚成果同乡村振兴有效衔接的意见》精神，巩固京蒙协作成果，推动实现京蒙优势互补、市场繁荣，在呼和浩特市乡村振兴局大力支持和悉心指导下，成立了呼和浩特市消费帮扶示范服务中心。中心以深耕细作消费帮扶、重点建设"三专一平台"（消费扶贫专柜、专馆和专区，中国社会扶贫网）为核心任务，携手自治区本土涉农企业，共同研发创新更多优质帮扶产品，逐步形成产品有价值、销售有渠道、收入有保障的良性循环机制，助力实现乡村振兴战略目标。

二、做法与经过

中心紧抓京蒙协作机遇，以巩固拓展脱贫攻坚成果同乡村振兴有效衔接为中心工作，积极探索多渠道、多元化的新路，因地制宜、多方联动，积极助推内蒙古农牧产业实现高质量发展。

（一）围绕产业发展，提升产品质量

立足自治区"两个基地"总体战略定位，携手全区企业共同推动农畜产品供应基地建设，充分发挥中心在农畜产品标准化建设方面的优势，通过推行农业生产"三品一标"，提升农产品质量，促进乡村产业发展。一是创新京蒙无公害生产综合配套技术体系，培育品质优良的京蒙协作产业产品品牌，在旗县区打造了多个京蒙协作产业示范区。二是联合"蒙"字标建设单位开展农特产品标准化促进工作，通过专业机构指导合作社、企业开展质量管理体系建设、标准制定，推动企业、合作社建立生产标准，使用全链闭环监管与服务体系。三是挖掘各旗县区自身禀赋优势，帮助各旗县区推进公共品牌标准化建设，打造公共品牌产品认证体系，扩容产品

数量，推动品牌兴农兴业。四是完善产品质量追溯体系，提高农产品质量，开发符合新消费主体人群口味、融入民族特色的农畜产品投入新零售市场。五是完善联农带农益农利益联结机制，推动产业发展壮大和农民增收致富。

（二）围绕消费帮扶，推进"三专一平台"建设

消费帮扶一头牵着自治区当地特色产品，一头连接着北京及其他协作区的广阔市场。中心借助京蒙扶贫协作的重要抓手，把推动贫困地区发展、贫困群众增收与保障首都"菜篮子""米袋子""果盘子"供给有机结合，推动消费扶贫不断取得新进展。一是积极举办京蒙集采会，精准对接首都大市场。立足自治区自身特色产业优势，深挖本土特色产品，充分利用现有的基础条件，在北京开展集采对接会、产业对接会、区域美食展等活动，精准对接首都大市场需求，进一步巩固和拓展优质农畜产品进京销

图30-2　北京市草桥双创中心专区专柜

售渠道，通过推介区优势特色扶贫产品，确保进京扶贫产品优质优价。二是积极对接渠道资源，共同推进北京市"三专一平台"建设。积极开拓区域协作渠道资源，在北京市朝阳区、东城区、房山区、通州区，完成了呼和浩特市消费帮扶专区建设及产品入驻，在北京市消费扶贫双创中心（草桥）、门头沟分中心和海淀分中心，完成了呼和浩特市消费帮扶专区建设及产品入驻，在东西部消费协作（重庆）中心，开设了呼和浩特专馆。三是定期开展丰富多彩展销活动，不断扩大地方特色农产品影响力。每周六和传统节假日定期举办展示展销活动，定期组织开展消费扶贫月活动，定期举办名、特、优农产品全国巡展活动，取得了可喜成绩。2021 年中秋节前夕，呼和浩特地方特色农产品云集在北京和平里西街 23 号院社区广场，吸引大批社区居民采购，现场举行的抽奖、美食品鉴等活动受到热烈欢迎，独有的"呼和浩特味道"掀起阵阵热潮。销售带动生产，宣传助推品牌，不仅帮助了企业将产品销售出去，更促进了内蒙古优质农特产品实

图 30–3 北京社区活动抽奖现场

现优质优价。2021 年，通过消费扶贫，带动呼和浩特市特色农畜产品销售 1.64 亿元。

（三）围绕科技兴农，强化人才培训

中心发挥创新和资源优势，深入开展农业科技支撑行动，为乡村振兴提供科技和人才支持。一是组织本土龙头企业、科研院所、高等院校与对口帮扶地区合作共建产学研联合研发平台。二是针对农民、企业人员、返乡农民工、大学生等开展农产品经纪人培训，鼓励他们承担起农产品的销售业务，促进小农户与大市场对接。三是结合对口帮扶地区培训项目，采取"线上培训+线下培训""集中培训+结对研学""业务培训+创业创新""短期培训+长期指导"等相结合的方式，协助培育一批乡村治理和产业发展

图 30-4　线上销售运营培训

的"能人"。四是结合科技特派员和"三品一标"专家顾问团制度，组建消费帮扶专家顾问团和专家库，菜单式、组团式地为全产业链提供培训、咨询、策划等服务。2021年，完成15场线下培训，培训人员1128人次。

（四）围绕创新创业，推动线上线下融合发展

中心在消费帮扶工作中积累了一大批农牧产品企业，形成了一个大供应链创业平台，通过赋能实体企业、卖好当地产品、孵化培训一批当地中小微创业者，引进大学生人才资源及高校的科技智力资源，共同打造供应链线下线上销售、选品、购物、直播、培训、视频拍摄、景观、网红打卡、休闲创业等数字经济直播孵化产业基地。让在校大学生轻资产创业，让农牧产品企业轻负担触网，实现聚合赋能，解决创业痛点，开展"陪跑计划＋共享办公空间＋共享各种技术人员"，如IT、文案、图片设计、视频制作、直播培训＋融资服务等成长计划，让创业与就业同行，共同开拓致富路。

三、成效与反响

（一）培育信心，激发了内生动力

京蒙协作持续不断深入，为贫困地区发展和贫困群众增收带来了信心。2018年以来，内蒙古自治区与北京市坚持把消费扶贫作为深化京蒙扶贫协作的重要抓手，把推动贫困地区发展、贫困群众增收与保障首都"菜篮子""米袋子""果盘子"供给有机结合，推动消费扶贫不断取得新进展。中心以此为契机，在乡村振兴局的指导和支持下，通过在北京开展集采对接会、品鉴体验活动，带动内蒙古特色农畜产品在北京销售，不断

图 30-5　现场品鉴活动

激发贫困地区和贫困群众内生动力，吸引、组织、带动了更大规模的企业和产品热情参与到京蒙协作的相关活动中。仅"2020 年京蒙消费扶贫北京集采推介会"，就有来自内蒙古自治区的 31 个国家级贫困旗县、13 个自治区贫困旗县的 167 家企业参展，现场签约 76 亿元。

（二）授人以渔，共同探索致富增收

一是通过远程授课、电话讲解、微信群转发操作程序的方式指导企业登录注册中国社会扶贫网平台，详细解读申报政策、申报程序、申报方法，确保各企业全面准确掌握申报方法，为企业准确及时申报提供了技术支撑。同时，组织并指导企业、合作社、农户、驻村干部利用电商平台、直播电商等新型手段提升产品影响力。二是为了提升内蒙古地区农牧企

业、合作社及农牧地区就业群体的就业技能水平、经济文化能力，提高企业人员岗位工作能力，多次为内蒙古地区脱贫户和帮扶企业、致富带头人等提供专业培训、创业指导等方面服务，让脱贫户更好地投入到生产中，促进脱贫群众产品变商品、收成变收入，从而有效巩固脱贫成果，助力乡村振兴。三是通过开展"村播"培训、"领头雁"孵化等人才培育工作，促进小农户与大市场对接，让农民、企业人员、返乡农民工、大学生等参加农产品经纪人的业务培训。同时，中心不定期展卖北京、重庆、四川等地的特色产品，鼓励他们承担起农产品的销售业务，比如北京门头沟的京白梨、平谷的大桃，四川的赣南脐橙，重庆的火锅底料等，组织和带动农民进入市场，拓展增收空间。四是在中心三楼为企业及新媒体渠道提供线下线上销售，选品、购物、直播、培训视频拍摄、景观、网红打卡、休闲创业等数字经济直播场地。2021年，累计开展80余次直播活动，累计观看人数超过500万人次，直播销售120余万元。

（三）以销促产，用品牌的力量致富

消费帮扶是产业帮扶的延伸，是乡村和广阔市场的桥梁。中心充分认识到，产业是农民增收的基础，实现产业发展是农民持续增收的保障，只有品牌才能引领产业振兴。一方面，对农产品品牌优势进行梳理、挖掘、整合、提炼、再造，引入现代要素擦亮老品牌，塑强新品牌。通过创新京蒙无公害生产综合配套技术体系，培育品质优良的京蒙协作产业产品品牌；通过联合"蒙"字标建设单位开展农特产品标准化促进工作，推动企业和合作社建立生产标准，使用全链闭环监管与服务体系；通过帮助各旗县区打造公共品牌产品认证体系，不断扩容产品数量，推动品牌兴农兴业。另一方面，以丰富多彩展销活动为平台，多渠道推进品牌创建、品牌输出和品牌营销，让更多的消费群体认识、认知、认同，不断提升品牌知

名度，提升品牌溢价，实现产业发展品牌化的目标。同时，中心以销促产，不断巩固消费帮扶成果，充分发挥农民专业合作社在"三品一标"建设中的重要作用，通过宣传引导与典型示范引领，不断提升农产品品质，夯实品牌建设基础。

后 记

　　《全国乡村振兴优秀案例》丛书，由中国小康建设研究会主编，每年面向全国开展征集评选活动，通过总结推介乡村振兴工作中有特色、有亮点、有成效做法，为全国各地推进乡村振兴战略实施，提供可学习借鉴、可复制推广的新经验、新成就、新典型、新解法。丛书第一册、第二册分别于 2020 年 5 月和 2021 年 11 月出版发行，受到了社会各界的广泛关注，其中第二册成功入选国家新闻出版署《2022 年农家书屋重点出版物推荐目录》（政经类第 32 位）。

　　丛书第三册由中国小康建设研究会和平安银行共同主编。书中汇编的全国乡村振兴优秀案例，是从北京、内蒙古、辽宁、吉林、江苏、浙江、安徽、福建、江西、山东、河南、湖南、广东、广西、四川、陕西、新疆 17 个省（自治区、直辖市）申报的百余个典型案例中，本着公开、公平、公正的原则，通过网络投票和专家评审遴选而出。案例选送主体包括地方政府、农业农村主管部门、乡村振兴机构、企业以及村级组织等，不但参与单位较多，而且参与积极性非常高。如山东省选送案例 7 个、广东省佛山市选送案例 4 个、陕西省周至县选送案例 3 个。参与的省份也由第一册时的 9 个、第二册时的 15 个，增加到本次的 17 个。我们为此欢欣鼓舞的同时，也因受篇幅所限很多同样优秀的案例没能入编，而深深遗憾。

全国乡村振兴优秀案例的征集、评选和出版发行不是终点，为乡村振兴战略持续提供有价值服务才是目标和宗旨。为此，在 2022 年 6 月 26 日举办的第三届中国乡村振兴发展大会上，中国小康建设研究会联合中国科技金融促进会、中国农业大学、中国航天科工集团、中国电信集团、中国农业发展银行、平安银行、京东集团、本来集团、荷兰设施农业联盟等 15 家企业（机构），共同发起了"乡村产业振兴提升行动"，以推动乡村产业提质增效，促进县域经济高质量发展。真诚期待更多有志于乡村振兴的企业（机构），携起手来，共同开展"乡村产业振兴提升行动"，共同推动全域美、全面兴、共富裕的乡村产业振兴新生态。

本次案例征集与编辑工作得到了广大案例选送单位的大力支持；得到了有关领导、专家学者的大力支持；得到了中国小康建设研究会及各分支机构的大力支持。在此，一并表示感谢！受能力和经验所限，本书难免有疏漏与不足之处，还望多予批评指正。

《全国乡村振兴优秀案例》编委会

2022 年 7 月

责任编辑：刘松弢

责任校对：白　玥

图书在版编目（CIP）数据

全国乡村振兴优秀案例选编 . 2021 年／中国小康建设研究会 编 . — 北京：
　人民出版社，2023.1

ISBN 978 － 7 － 01 － 025347 － 3

I. ①全…　　II. ①中…　　III. ①农村－社会主义建设－案例－中国－2021

　IV. ① F320.3

中国版本图书馆 CIP 数据核字（2022）第 250111 号

全国乡村振兴优秀案例选编

QUANGUO XIANGCUN ZHENXING YOUXIU ANLI XUANBIAN

（2021 年）

中国小康建设研究会
平安银行股份有限公司　编

人 民 出 版 社 出版发行

（100706　北京市东城区隆福寺街 99 号）

中煤（北京）印务有限公司印刷　新华书店经销

2023 年 1 月第 1 版　2023 年 1 月北京第 1 次印刷
开本：710 毫米 ×1000 毫米 1/16　印张：25.75
字数：330 千字

ISBN 978 － 7 － 01 － 025347 － 3　定价：198.00 元

邮购地址 100706　北京市东城区隆福寺街 99 号
人民东方图书销售中心　电话（010）65250042　65289539